中公新書 2612

伊藤亜聖著

デジタル化する新興国

先進国を超えるか、監視社会の到来か

中央公論新社刊

デジタル化する新興国◎目次

第3章　飛び越え型発展の論理

図表作成◎ヤマダデザイン室

序章　想像を超える新興国

インドを走る「コネクテッド・三輪バイク」

2019年夏のインド、首都デリー。インディラ・ガンディー国際空港に到着したのは現地時間23時。郊外のハイテク企業が集まるグルガオンのホテルまでの移動手段は予約していない。用意しておいた国際SIMカードをスマートフォンに差し込んで起動し、配車アプリ・ウーバーを使う。空港にはウーバーの利用者専用の乗車場もある。米国サンフランシスコ国際空港と同じ光景だ。猥雑(わいざつ)ではあるが乗車場所に迷うことはない。スマートフォンのアプリを用いて、クレジットカードで支払うので、乗車に現地通貨インド・ルピーは必要ない。

写真０-１　インド・デリーで表示されたウーバーの画面（2019年９月、筆者撮影）

アルファベットで行き先を入力し、評価の高い運転手が割り当てられ、目的地に到着できた。

翌日、グルガオンで再びスマートフォンからウーバーを立ち上げる。いくつかのプランが提示される（写真０-１）。４人乗りの通常のプラン、相乗りで割引となるプラン、少し高級なセダンのプラン……。画面を下へスクロールしていくと、見慣れない選択肢が現れた。三輪バイク、そして二輪バイクのタクシーだ。車で10分ほどの距離で、なおかつ乗車するのが自分だけであれば、三輪バイクで十分だろう。価格は相乗りタクシーよりも安い。スマートフォンから配車を依頼すると、５分と経たずにダイハツのミゼットのような三輪バイクが現れた。緑と黄色の車体が鮮やかだ（写真０-２）。

自動車がインターネットと常時つながることで、配車や交通状況の把握が可能となりつつある。いわゆる「コネクテッド・カー」である。グルガオンで筆者が目にしたのは「コネクテッド・三輪バイク」であり、「コネクテッド・二輪バイク」だった。

現在、ウーバーは、空を飛び、人が乗れる有人ドローンを開発している。いわゆるエア・モビリティーと呼ばれるサービス領域で、「ウーバー・エアー」と名づけられている。大都市の低空域の利活用には大きな可能性がある。しかし同時に、安全基準を満たすことは容易ではない。それでも同社は2019年時点でアメリカのダラスとロサンゼルス、そしてオーストラリアのメルボルンを実証実験地に指定して取り組んでいた。「ウーバー・エアー」のポイントの一つは、複数の移動手段（モビリティー）のなかから、消費者が最適な手段を選択できるようになることだ。仮に、目的地までの道路が混雑しており、空路のほうが目的地により早く到着できるのであれば、多少割高でもエア・モビリティーを選択するかもしれない。

写真0-2　「コネクテッド・3輪バイク」
（2019年9月、筆者撮影）

実は先述のように、複数の移動手段から選択する点に絞れば、インドや他の新興国で先行して展開済みである。現状の選択肢は二輪と三輪のバイクか、四輪車か、であり、いかにも発展途上国的ではある。しかし土埃(つちぼこり)舞う発展途上の現場に、モバイル・インターネットとクラウド・コンピューティングを活用する最先端のソリューションが実装されている。

中国で進む遠隔医療

2018年春、中国の内陸、貴州(きしゅう)省。2018年時点の1人当たりGDPは4・12万元(6233ドル)。国内の31省のなかで、3番目に貧しい地域である。長らく高度経済成長を維持してきた中国でも取り残された地域の一つだ。1990年代、現地を訪れた研究者が、「当時はごちそうだと言われて豆腐がでてきた」と教えてくれた。若者はよりチャンスのある大都市へ出稼ぎに行き、山間部の多い農村では過疎化と高齢化が急速に進んでいる。

この地では現在、地元IT企業が地域の病院に出資し、遠隔医療サービスを展開している。農村部にも公的な診療所があるものの、医師の専門性と診療設備には限界がある。そこで村の診療所にビデオカメラを設置し、インターネット経由で地域の有力な病院に所属する医師に診察してもらえる仕組みを整えた。

中国では保険会社・平安保険が提供する平安好医生(ピンアン・グッドドクター)に代表さ

写真0-3　貴陽で開かれたビッグデータ・エキスポの会場（2019年5月、筆者撮影）

れるオンライン診療サービスが普及している。政府もこうした動きを後押しする。オンライン診療での医療保険適用の範囲を拡大させる方針のもとで、２０１９年10月までに全国に２６９か所の「インターネット病院」が誕生している。保険適用外の健康相談ではさらに利用が広がる。

貴州省の省都、貴陽（きよう）では２０１５年から大規模なテクノロジー展示会、その名も「ビッグデータ・エキスポ」が開催されている（写真０-３）。当時、地元の貴州省政府のトップであった陳敏爾（チェンミンアー）が、アメリカのアマゾン・クラウドセンターを視察した際に、貴州のデータセンターとしての潜在力に気づいたことがきっかけとされる。一大プロジェクトが始まり、現在ではアップルの中国国内クラウドセンターが設置されるなど、急ピッチで関連プロジェクトが進んだ。現地からは推計企業価値が10億ドル（約1070億円）を超える未上場企業、いわゆるユニコーン企業も生まれた。その名は貨車幇（フォーチャーバン）。中国国内で貨物トラックの荷主と運転手をマッチングするサービスを提供して、急成長し、現在では満幇（マンバン）集団として国内最大手となっている。他の新興国でも見かける「トラック版のウーバー」の一社だ。中国は2010年代に急速なデジタル社会化を遂げたが、その波は、地理的には内陸地域にまで、分野的には医療部門や物流分野にまで及んでいる。

南アフリカの女性エンジニアたち

2018年夏、南アフリカ共和国のケープタウン。風光明媚（ふうこうめいび）な港の一角に、コワーキングスペース「ワークショップ17」がある。コワーキングスペースとは、月会費を払えば短期からオフィス環境を利用できる場所である。ベンチャー企業関係の様々なイベントも開催される。ある日のイベントでは、若い女性たちがノートパソコンを並べ、数人のグループごとに新たなスマートフォン・アプリのビジネス計画を練っていた。ハッカソンと呼ばれる、ビジネス・アイデアのコンペだ（写真0－4）。

イベント主催者はガールコード（GirlCode）。南アフリカのヨハネスブルク、ケープタウン、

写真0-4　ケープタウンで開催されていたGirlCode主催のハッカソン（2018年8月、筆者撮影）

ダーバンの3都市で予選を開催し、そのなかで最も優秀なチームを、オランダのアムステルダムで開催される女性起業家・プログラマーのイベント（ユーロピアン・ウーマン・イン・テック）の決勝戦に派遣するのだ。この日の参加者は30人。主に学生で、全員が黒人女性だった。

南アフリカは8月を「女性月間」に設定し、女性のさらなる活躍、いわゆるエンパワーメントの文脈でイベントを開催している。同国で女性企業家は、特にテクノロジー業界では依然として少数である。しかしアフリカビジネスの玄関口としての役割も有する南アフリカで、イベントの参加者たちは目を輝かせていた。

２０１０年代に新興国で通信インフラと

端末が幅広く普及し、現地の生活は一変しつつある。携帯電話が高価で、またインターネットが先進国に住む人々だけのものであった時代は、過去のものとなった。新興国の人々も当たり前のようにスマートフォンを持ち、高速通信を利用している。そしてそれを土台とするサービスが、現地のベンチャー企業によるものも含めて開発されている。遠隔医療に代表される過疎地域での課題の解決、そして女性のエンパワーメントなど、デジタル技術の恩恵は先進国にとどまらず、新興国に住む人々の生活を塗り替えつつある。

デジタル化は新興国をどう変えるか

本書の課題は二つある。第一に、今日の新興国で広がるデジタル化の進展を、新興国・途上国論の系譜に位置づけながら、その可能性と脆弱性の両面から検討することである。第二に、新興国デジタル化の潮流の中で日本に求められる取り組みを考えることである。

かつて工業化の波が発展途上国を覆ったとき、新興工業国（Newly Industrializing Countries, NICs）なる概念が作り出された。1985年のプラザ合意以後の円高、中国の1992年の対外開放路線の確定と2001年の世界貿易機関（WTO）への加盟といった段階を踏み、日本から東南アジアや中国へ生産拠点が拡張移転していった。冷戦構造の終結により「経済の時代」を謳歌し始めたアジア諸国もまた、積極的にこのテイクオフ（離陸）の機会をつかもうとした。

中国が2010年に日本を抜いて世界第2位の経済大国となり、さらに近年先鋭化する米中対立を目撃すると、時代の舞台がまわり、世界規模での「政治と安全保障の時代」の到来を感じさせる。しかしながら米中対立の今後を見通すことは容易ではない。加えて2020年1月以来、新型コロナウイルスの流行が全世界を揺さぶっている。そのなかで、本書はもう一つの潮流に注目したい。それがデジタル技術による新興国経済・社会・政治の地殻変動である。

先進国のみならず新興国でも2010年代にスマートフォンが普及し、関連サービスが続々と登場した。2020年代に、デジタル技術の社会への実装が深化した場合、どのような新興国の姿が立ち現れるだろうか。国々の事例を観察すると、「デジタル新興国（Digital Emerging Economies, DEEs）」というべき概念が浮かび上がってくる。

デジタル化は新興国の何を、どう変えているか。そして「デジタル新興国」がありえるとすれば、それはどのようなものか。

第一に、売り手と買い手の間に立ち、取引を成り立たせる「プラットフォーム」の登場と普及は、新興国に先進国以上の変化をもたらしている。多くの新興国が長年直面してきた「信頼と透明性」の問題を劇的に解消しつつあるのだ。インターネット産業はアメリカ西海岸から生まれた。だが、スマートフォンによるモバイル・インターネットの時代になり、先進国とは経済的・社会的環境が大きく異なる新興国で、より多くの試行錯誤が行われている。この結果、新興国からも有力企業が登場し、現地ならではのデジタル化のアプローチが世界に提示されるようになった。

第二に、新興国に元来あった「可能性」だけでなく「脆弱性」までもが、デジタル化によって増幅（アンプリファイ）される。このことは、デジタル化には新興国に住む人々の潜在力を発揮させる、すなわちエンパワーメントの効果がある一方、人々の権利がより制限され、また侵害されるリスクも同居していることを意味する。

第三に、デジタル化を新興国の文脈において理解するうえでは、戦後の新興国・途上国論の系譜を踏まえることが有用である。デジタル化がもたらす変化について、特に工業化と異なる論点と類似した論点があることを念頭に置くことで、これまでの議論と接合した理解が可能となる。

２０１８年時点で、先進国の集合といえる経済協力開発機構（ＯＥＣＤ）加盟国の総人口は13億人であった。同年の世界人口は76億人だから、非先進国的環境でデジタル化を迎えつつある人々が63億人に及ぶ。新興国での人口増とデジタル端末の低価格化によって、時を追うごとに、新興国でデジタル化を迎える人々の比率は高まる。無論、米欧の情報通信系企業は新興国市場を押さえようとする。新興国政府はそれに反発するかもしれない。

　また、かつての新興工業国との対比でいえば、デジタル新興国の主要な舞台は東アジアにとどまらない。製造業サプライチェーンが輸送費によって制約されるのに対して、デジタルな分業と発注は容易に国境を越える。加えて南アジア、アフリカ、南米でも国内市場を苗床として変革が進む。一方でデジタル経済は雇用創出効果が限定的となる可能性もあり、経済成長を牽引できるのかは不透明である。

　それでも構造変化は訪れる。新興国での通信販売や送金につきものだったリスクは、第三者決済によって大きく削減された。かつて多くの新興国が固定電話を経ずに携帯電話に移行したように、いま銀行口座を飛び越えてモバイル決済の利用が広がっている。インターネットを介して仕事の受発注が行われることで、フリーランス経済は新興国でむしろより先鋭的に形成される可能性もある。

　なお、２０２０年に入り、世界中で甚大な被害をもたらしている新型コロナウイルスの流行は、新興国のデジタル化を考えるうえでも避けて通れない論点となった。中国の湖北省武漢市を震源地としたウイルスは、発見からわずか３か月で世界的な流行（パンデミック）に至り、全世界に悲劇と混乱をもたらした。本書では２０１９年までの趨勢を主な検討対象としながらも、第６章で、パンデミックのなかで今日のデジタル社会が見せている技術の利活用の可能性、そしてフェイクニュースに代表される脆弱性の両面を検討する。

本書の概要

本書の概要は次の通りである。

まず昨今注目を集めた「第四次産業革命」論とデジタル化に関する議論を整理したうえで、特に新興国に注目する必要があることを示す。そのうえで新興国論の蓄積と系譜を振り返ることで、デジタル化を考えるうえでも重要な視点を引き出す（第1章）。

続いてデジタル化がもたらす巨大な可能性を検討する。現地社会が抱える課題を解決する手段として情報技術は大きな潜在力を秘め、さらに先進国にはない発想での技術応用も見られる（第2章）。続いて、新しい技術の社会への導入が先進国よりも新興国で先行するという、「飛び越え」（リープフロッグ）型発展が生じ始めている理由を検討する（第3章）。

しかしながら同時にリスクも深まる。後半の章では新興国元来の脆弱性に、デジタル技術が加わることで生じる問題を検討する。特に労働市場への影響は注目に値する（第4章）。果たしてデジタル経済は十分な雇用を創出できるだろうか。加えて、権威主義体制もまたイノベーションを活用し、そこには利便性の向上と監視社会化が同居している。選挙運動が実施される国々では、市民社会の成熟よりもフェイクニュースによる分断が先鋭化してしまうかもしれない（第5章）。

世界史に記載されるであろうパンデミックのなかで、新興国世界の見通しははっきりしない。ただ、高度な基礎科学力が試される研究開発とは異なり、デジタルサービスの社会への導入（社会実装）は、現地での試行錯誤の回数こそが決定的役割を果たす。パンデミックのなかですら、企業家と、現地政府と、人々の模索は続く。そこでは必ず技術の可能性が発見され、そしてまた社会の脆弱性までもが発掘されてしまう。デジタル化以後の時代において、日本は新興国がその可能性を広げられるように、もう一方でそのリスクが深刻化することがないように働きかけることが求められる。今後ますます、新興国で起きることと日本で起きることとの同時性は高まるだろう。思考の幅を広げ、日本自身をアップデートするためにも、新興国の取り組みの現場に自ら加わり、ともに考えることが求められる（第6章）。

新興国とデジタル化の範囲について

最後に、本書で議論する対象とその範囲を示しておこう。

第一に、本書ではＯＥＣＤ諸国以外をひとまずすべて「新興国」「発展（開発）途上国」と設定して、これらの国と地域を広く検討の対象としている。その理由は、デジタル化が変えつつある範囲がきわめて広いという認識のゆえである。

そもそも、経済的に発展途上の国々を扱う場合、「発展途上国」「後発国」「新興国」等、いくつかの概念が存在する。例えば、狭義の「新興国」の定義として、国際通貨基金（IMF）は「先進国」「発展途上国」（Developing Economies）と区別して「新興国」（Emerging Economies）を設定している。IMFの区分ではベトナムやケニアは「発展途上国」であり、中国やロシアは「新興国」となっている。

また、より一般的な分類としては、所得水準による区分がある。世界銀行が基準を設定する「高所得国」「上位中所得国」「下位中所得国」そして「低所得国」という区分である。本書のように、世界の国々を先進国と新興国・発展途上国に大雑把に二分割することには問題もある。例えば「上位中所得国」の一部は経済的にも制度的にも先進国に接近しつつあり、「低所得国」と一括して考えることには批判もあるだろう。

しかしながら、デジタル技術が経済社会の姿を急速に変えつつあるいま、前提をできるだけ柔軟に設定しておくことが重要だ。例えばケニアと中国はデジタル化という軸から見れば一つのグループに入るかもしれない。そこで本書では、明確な「先進国」以外をできるだけ広く「新興国」「発展途上国」と見なして、議論の対象に設定する。なお煩雑（はんざつ）さを避けるため、本書では「新興国」の表現を主に用いる。ただし歴史的な文脈により「発展途上国」も使用する。

次に、本書では、１９９０年代から生じてきたデジタル化を検討範囲とする。具体的には、通信インフラと端末の普及、それにともなう起業環境や労働市場の変化、さらに広く政治と社会の変化に着目する。

逆にいえば、近年高い関心を集める人工知能（ＡＩ）技術や第五世代移動通信システム（５Ｇ）等については、正面からの検討を加えていない。人工知能技術が新興国をどう変えるかは興味深い論点である。ただ、現時点の人工知能技術は汎用的なものではなく、画像認識技術、音声認識技術、自然言語処理技術、そして複数の技術を統合したコントロール技術（自動運転等）が先行している。このため、基本的にはデジタル化の趨勢の延長線上で議論が可能だと考えている。

第1章　デジタル化と新興国の現在

1　新興国デジタル化のインパクト

「第四次産業革命」論

18世紀後半からの蒸気機関の発展と普及、19世紀以降の電気通信の発達、20世紀におけるコンピューターの開発に続く、新たな技術革新の重要性を強調する立場がある。いわゆる「第四次産業革命」論である。

情報通信技術（ＩＣＴ）の発展にとどまらず、人工知能技術、ナノテクノロジー、ゲノムテクノロジー、ロボティクス（ロボット工学）を含む複数の技術分野で、同時並行的かつ急速に革新が起き、それらが経済と社会、さらには国際秩序すら大きく変える、という見立てである。世界経済フォーラム（通称「ダボス会議」）の創設者であるクラウス・シュワブは、目下、急速かつ多分野で同時に発生する技術革新が万事を変革すると述べて、「「今回は違う」という言葉は、今回にこそ当てはまる」と述べる（シュワブ2016）。人工知能技術の発達とその導入スピードの地域差によって、産業革命期に見られたような、富と生産性の大きな格差、すなわち大分岐（Great Divergence）が再来する、そしてその再分岐の機会を中国がつかむだろうと主張する論者もいる（井上2019）。

古くは18世紀以来生じた一連の技術革新、いわゆる「産業革命」をめぐって、楽観論と悲観論、そして断絶的な変化を強調する立場と連続性を重視する立場が見られてきた。比較的初期の経済史研究では、産業革命とは蒸気機関の普及、機械式綿紡績工業の発達、そして工場制度の発展が、不可逆的で断絶的、なおかつ失業と低賃金に代表される負の変化を経済社会にもたらしたと考えた。「断絶的で悲観的」な立場である。それに対して、産業革命期（18世紀末）のイギリス経済成長率の推移を検討したニコラス・クラフツは、従来よりも成長率を下方修正し、より連続的な変化を強調した（長谷川2012、小野塚2018）。

目下、注目を集める人工知能、ゲノム、ロボティクスといった領域での技術進歩をめぐり、楽観論と悲観論の両者が登場する状況を見ると、産業革命に関する論争によく似ている。目下の変化が「革命」と呼びうるのかをめぐってはまだ論議はある。1960年代にもアメリカでは「大自動化問題」と呼ばれた技術革新が失業をもたらすかという論争があったが、結局のところ失業問題は深刻化しなかった（若田部２０１９）。それでも変化の兆候には目を向けるべきだ。

２０１０年代の変化

マサチューセッツ工科大学のアンドリュー・マカフィーとエリック・ブリニョルフソンは目下の技術革新と社会への影響について断絶性を強調する。

彼らは著書で「機械（マシン）」「プラットフォーム」、そして多数の参加者による貢献を意味する「クラウド」の３つの役割に注目している。彼らは機械が肉体労働を代替するにとどまらず、定型（ルーティン）的な知的労働（給与計算、請求書作成等）までを代替することが可能になった時代を「第二の機械の時代（セカンド・マシン・エイジ）」と呼ぶ。さらに、２０１０年代に入り、これまで機械化が不可能とされてきた、明文化が困難な知識を意味する「暗黙知」ですら、機械化されるような時代が到来しつつあると見る（マカフィー＆ブリニョルフソン２０１８）。

確かに以下のような重要な変化が２０１０年代に生じた。

第一に、人工知能の能力が専門家の予測を超える速度で飛躍的に向上した。グーグル・ディープマインド社が開発した人工知能囲碁ソフト・AlphaGo の第二世代 AlphaGo Lee は、16万局、合計3000万手の棋譜データから反復学習し、さらに自己対戦を通じた強化学習を繰り返すことで、2016年3月に世界最高峰の棋士であるイ・セドルに5番勝負で4勝した。その後、同ソフトの第三世代は中国の棋士・柯潔氏に3戦全勝を記録した。第四世代の AlphaGo Zero は自己対局のみによって強化され、第二世代 AlphaGo Lee に100戦全勝を記録した。イ・セドルが2019年11月19日に引退を宣言した際、いくら努力しても人工知能に勝利することができない、という無力感があったことを吐露している。

第二に、周知の通り、デジタル経済が巨大な価値を生み出した。2019年の夏時点で、世界企業価値ランキング上位10社のうち7社がIT企業である。いわゆるGAFA（グーグル、アップル、フェイスブック、アマゾン）にマイクロソフトを加えたアメリカ企業5社と、中国のアリババとテンセントの2社で、米中両国以外のIT企業はランクインしていない。コロナ危機のなかで巨大IT企業への資金の集中の傾向はさらに鮮明になっている。

第三に、ネットワークと接続されるコンピューター端末の数が急増し、世界を覆いつつある。IoT（Internet of Things、モノのインターネット）という言葉の火付け役になった2011年発表のレポートによれば、ネットワーク端末の数は2003年時点では5億台で、世界人口63億人の12分の1の数に過ぎなかった。しかし2010年には世界人口を超える12

５億台の情報端末が普及し、さらに２０２０年には５００億台に達すると予測されていた（Evans, 2011）。これは必然的に人と人の間（Person-to-Person）の通信だけでなく、機械と機械の間の通信（Machine-to-Machine）も含めた通信が飛躍的に増大することを意味する。こうした普及を支えたのはコンピューターの製造コストの低下と処理能力の向上であった。半導体の性能が18か月で倍になる現象、いわゆる「ムーアの法則」である。

以上３つの変化は、いずれもデジタルな技術、デジタルのサービス、そして情報通信端末に関わるものである。この意味で変化の中心には「デジタル化」がある。

新興国へと広がる情報化の波

マカフィーらの研究を筆頭に、「第四次産業革命」や「第二の機械の時代」への関心は世界的に高まっている。なかでも、企業の生産性や労働市場への影響は重要な論点である。現在、これらの議論はアメリカやヨーロッパ主要国といった先進国を対象として検討されている。例えば国際経済学者のリチャード・ボールドウィンは著書のなかで、貿易コストの低下を軸に大胆な近現代史を描き、さらにグローバル化と機械化が同時並行することの影響を検討しているが、その関心の中心は先進国にある（ボールドウィン２０１８、２０１９）。

しかしながら、情報端末とデジタル経済は２０１０年代を通じて数多くの国々に広がって

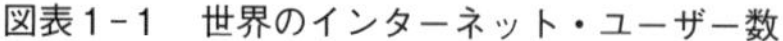

図表1-1　世界のインターネット・ユーザー数

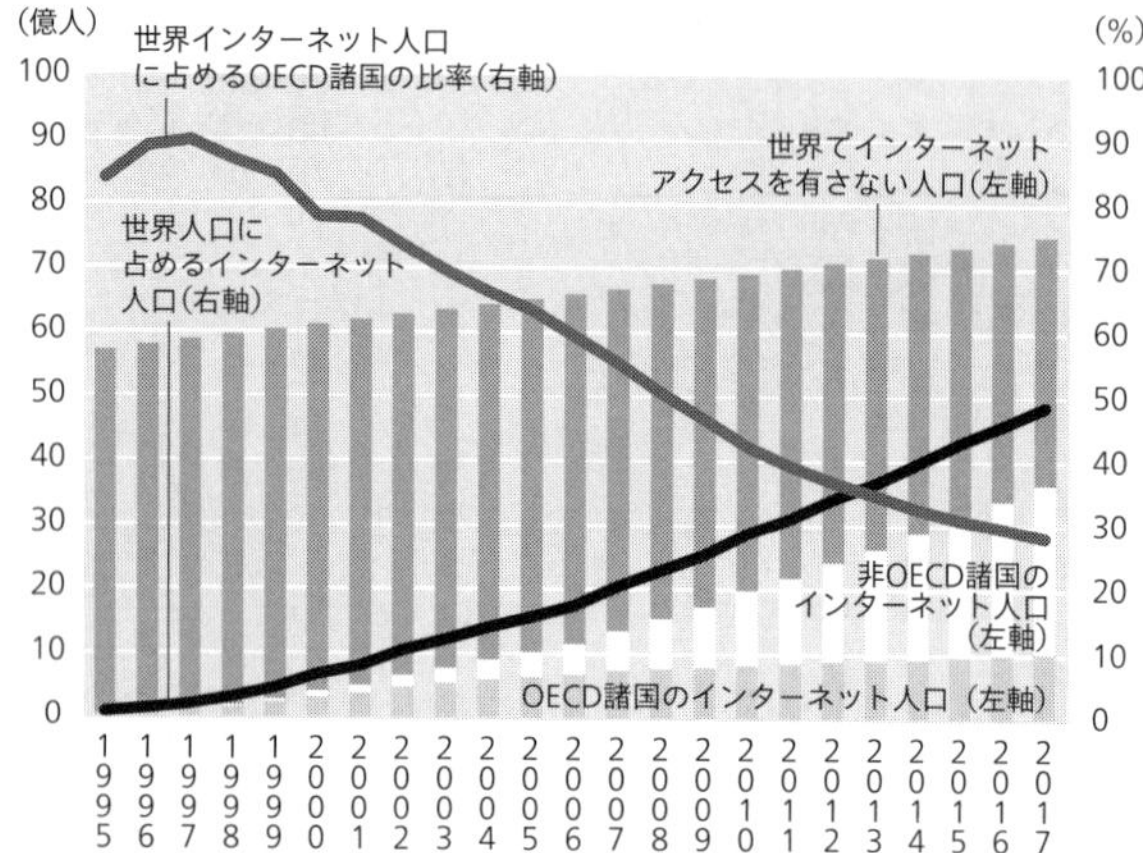

出所：世界銀行「世界開発指標」より筆者作成

きた。そして「第四次産業革命」や「第二の機械の時代」といった概念が対象とする「技術による社会変革」は、新興国においても大きな変化をもたらしつつある。

まずインターネットと情報通信端末は2010年代に、新興国で急速に普及した。インターネットは、言うまでもなく先進国で先に普及した（図表1-1）。インターネット元年ともいうべき1995年時点で、世界のインターネット・ユーザーは約4437万人、そのうち84%は先進国のグループといえるOECD諸国にいた。2000年までに世界のユーザー数は10倍の4・12億人に増加したが、依然として全ユーザーの78%がOECD諸国におり、先進国ユーザーが大部分を占めていた。この状況が劇的に変化したのは2000

年代以降である。２００９年、ついにＯＥＣＤ諸国のユーザーの比率が50％を割り、その後一貫して非ＯＥＣＤ諸国のユーザー比率が高まっている。２０１０年から２０１７年までの期間に、世界のインターネットユーザー数は16・6億人増えた。このうち89％にあたる14・7億人は非ＯＥＣＤ諸国のユーザーである。

もちろん、いまだ格差は残っている。２０１８年時点で、世界人口76億人のうち半数超がインターネット・アクセスを得ていると推計されるが、逆にいえば、アクセスできない人も半数近くいる。その多くは新興国に暮らす人々だ。また、先進国を中心に高速通信インフラの整備が進んだことで、１人当たりの毎秒ビット数（bit/s per capita）でも格差が依然として残っている（Hilbert, 2016）。それでもアクセスの有無については、徐々に障壁が下がっているといえる。

インターネットよりも普及が進んでいるのは携帯電話である。世界銀行は人口１００人当たりの携帯電話契約件数を公表している。それによると２０００年時点では世界平均で12件に過ぎなかったが、２０１０年には76件、２０１６年には１００件に達した。つまり、２０１６年時点で世界を均して考えれば、１人１契約となった。無論、高所得国の普及率はより高く、低所得国では低い。高所得国では２００８年時点で１００人当たり契約件数が１００件を超えていた。しかし5年後の２０１３年には上位中所得国でも１００件を超え、下位中所得国も2017年には97件に達した。低所得国では2017年時点で58件となっており、その伸びはこの数年若干低迷しているものの、2000年代以降に先進国以外の国々で生じた情報端末の普及スピードは驚くべきものであった。

広がるデジタル経済の生態系

新興国においても、新たな技術を活用してビジネスを立ち上げ、急速な成長を目指すベンチャー企業が生まれている。未上場で10億ドルの企業価値を持つ創業10年以内のテクノロジー企業を「ユニコーン企業」と呼ぶが、フィンテック（ファイナンス・テクノロジーの略）やライドシェア（タクシーの配車および相乗り需要のマッチングサービス）といったIT業界を中心に、アメリカから多くの企業が誕生してきた。国別では中国がそれに続き、近年ではアジアのインド、シンガポール、インドネシア、そしてラテンアメリカのブラジルとコロンビアから、そしてアフリカでは南アフリカに加えてナイジェリアからもユニコーン企業が登場している。ベンチャー企業が育つ環境が世界に広がっていることに注目が必要である。

また国連で採択された「持続可能な開発目標」（SDGs）は17の目標のうちの一つとして、「強靭（きょうじん）（レジリエント）なインフラ構築、包摂的かつ持続可能な産業化の促進およびイノベーションの推進」を目指している。そのなかには後発開発途上国（LDC）で2020年までに普遍的かつ安価なインターネット・アクセスを提供するように取り組むことも明記されている。

アフリカ連合と世界銀行は2030年までにアフリカ大陸の全員がインターネット・アクセスを得るという野心的なプロジェクトを始動した。インターネットと携帯電話が全人類に偏(かたよ)りなく普及した場合には、各国のユーザー数は人口分布に等しくなる。生産性には格差が残るだろうが、ユーザー数は人口に規定される世界が到来しつつある。後の章で検討するように、新興国政府もデジタル化を積極的に推し進めるべく、「デジタル・インディア」「デジタル・チャイナ」といった政策を立案している。東南アジア諸国でもデジタル経済の発展を前提に、開発戦略の再構築の機運が高まっている。段階を踏んだ開発戦略を重視しつつも、飛び越え型の発展に求められる政策体系を検討する必要が生じている（木村2018）。

2　デジタル化とは何か

ネグロポンテの予言

直近では「第四次産業革命」「第二の機械の時代」といった用語が登場している一方で、19世紀以来の電信の発達に見られるように、情報社会化は近現代を通じて断続的に生じてきた。そのなかで本書では「デジタル化」と呼ばれる現象を中心に据えて議論する。その理由は、「デジタル化」が過去30年の間にとりわけ急激に進展し、その影響について議論ができるタイミングを迎えているためである。

ここで「デジタル化」の意味を考えるために、マサチューセッツ工科大学（ＭＩＴ）メディア・ラボの創設者、ニコラス・ネグロポンテが１９９５年に刊行した『ビーイング・デジタル』を取り上げたい。同書は雑誌、新聞、ビデオカセットといった物体に収められてきた情報が、デジタルなビット情報に変換されることで、電子データとして低コストで送受信できるようになった変化を次のように表現する。

「アトムからビットへという変化に後戻りはない。もう止めることはできない。しかし、なぜいまこれほど広がっているのか？　それはこの変化が、指数関数的な性格を持っているからだ」（ネグロポンテ１９９５、14頁）。

同書は「デジタルになること（Being Digital）」を次のような一連の変化だと解説する。

①計算能力の指数関数的向上によって、ますます多くの情報がデジタル処理される傾向は不可逆的なものである。新聞、雑誌、テレビ、ビデオといったビット情報化できるコンテンツはデジタル化される。その結果、例えばテレビはデータベース化され、定時放送から、過去のコンテンツを常時検索して閲覧可能な仕組みへと変化する。そしてデジタルなサービスは、

技術的な性質ゆえにスケーラブル（規模化が容易）である。
②コンピューター端末は、部屋を占拠する大きさのメインフレームの時代から、パーソナル・コンピューターの時代になり、やがてポケットに入り、さらに小型になる。この結果、あらゆるものがネットワーク化されてインテリジェント（データ処理能力を持つ）になる。トースター、そしてやがてはカフスボタンまでがインテリジェントになる。
③高度で幅広い能力を有するコンピューターシステムは、人間が直接コントロールするものではなくなり、有能な執事のような「エージェント」を通じて実行されるようになる。
④インターネット、すなわち「ザ・ネット（The Net）」では検閲は不可能であり、この結果、国境の意味は薄れていく。

唯一外れた予想

『ビーイング・デジタル』で予想された技術的な変化の多くは現実のものとなりつつある。

メディアとコンテンツの業界では、定期購入制度（サブスクリプション制）による動画・音楽サービスが興隆している。そこではデジタル化したメディア・コンテンツがデータベース化されて、消費者が望むときに視聴可能になった。

また、大手ＩＴ企業が提供するスマートスピーカーは人の様々な指示を実行する「エージェント」を目指したものである。検索大手グーグルが提供するグーグル・ホーム、アップルの携帯端末に搭載されている音声アシスタント機能シリ（Siri）、そしてアマゾンのエコー（Echo）等は、我々の目の前にある。そしてスケーラブルであるがゆえに、新規創業企業が参入しやすい一方で、後述するネットワーク外部性ゆえに一部の企業がプラットフォーム企業として他を圧倒する地位を得るようになっている。

アップルが2007年6月29日に発売したiPhoneは、当初の完成度はともかく、後からソフトウェア・アプリを自由に追加できる点で画期的だった。そしてソフトウェア企業はアップルのプラットフォームを通じて、ユーザーにソフトを供給することとなった。デジタル信号化されうるコンテンツ、すなわち音楽も、アニメ・映画も、漫画も原理的にこのプラットフォーム上で、最小単位からの購入が可能となった。売り手と買い手の間に立ち、それをマッチングさせる、いわゆるプラットフォームの台頭である。

一方で、ネグロポンテの議論のなかで4番目の予想は、はっきりと外れた。第5章で取り上げるように、多くの国ではインターネットへのアクセスが制限され、「スプリッターネット（分断されたインターネット）」なる言葉も登場した。国家のインターネットへの規制は、中国のような権威主義体制のもとでの検閲だけではない。インドのような民主主義国家においても、サービス提供者への規制強化の動きとして顕在化している。より広くは、プラットフォーム企業があまりに影響力を拡大し、競争上での優越的な地位を時に乱用するようになったことで、市場競争の公平性の面や、個人情報や情報検閲の面での危惧が表明されている。

デジタル経済の特徴

ますます多くの情報がビットによって処理されるようになり、これによってデジタル経済が台頭した。それではデジタル経済にはどのような特徴があるのだろうか。この点についてはカール・シャピロとハル・バリアンによる著書が示唆的である（シャピロ&バリアン1999）。

彼らによれば「デジタル経済」の特徴は以下の3点にまとめられる（原文の表現は「情報経済」であるが、ここでは「デジタル経済」と言い換えている）。

①デジタル経済では、コンテンツの複製コストと流通コストが低下し、新たな顧客が増加した際の追加的コスト（限界費用）が低い。さらに個人ごとにサービスを特注化（カスタマイズ）したり、価格を個人ごとに変えたりすることも可能となる。

②利用者が特定サービスから別のサービスへと切り替える際に、利用者自身にとって乗り換えコストが発生する。このため、一つのサービスに長くとどまろうとする効果（ロックイン効果）が生じる。

③多くの利用者を集めるサービスはさらに利便性が高まる（ネットワーク外部性）。サービス事業者は「より多くの利用者がさらに多くの利用者をもたらす」という雪だるま式の循環をものにする勝者と、重要な時期に有効なサービスを提供できず、じり貧となる敗者へと、ある段階で二極化する。

限界費用の低さ、ロックイン効果、そしてネットワーク外部性ゆえに、勝者がますます勝者となる特徴が指摘されている。

恩恵とリスク

それではデジタル技術が新興国をどのように変えるのか、という点に移ろう。言い換えるならば、新興国での「デジタル技術による社会変革」（デジタルトランスフォーメーションとも呼ばれる）の検討である。デジタルトランスフォーメーション（ＤＸ）については、ビジネスモデルの断絶的な変化を強調する使い方が多いが、より広義には、産業革命研究が検討範囲としているような様々な要因（マクロ指標への影響、競争環境や労働市場、そして社会の変化）を視野に入れることができる。

すでに世界各国・地域のデジタル化については、ＯＥＣＤや世界銀行をはじめとする国際機関が重要な報告書を刊行し、デジタル経済の測定方法を含めた検討が始まっている

図表１－２　デジタル化が提供する機会とリスク

デジタル技術の直接的効果	機会と可能性（＋）	リスクと脆弱性（－）	政策的対応
検索と情報アクセスの改善	情報の非対称の解消による包摂性の実現	説明責任の欠如による情報統制	情報へのアクセス拡大、プライバシー保護、市民参加型の政策策定
自動化技術の普及	企業、生活、政府の効率性の向上	技能教育がない状況での非正規労働の拡大と不平等の拡大	デジタル経済の技能教育と生涯学習の促進、社会保障の整備
プラットフォーム企業の台頭	規模の経済性とネットワーク外部性によるイノベーション	競争の欠如による寡占化	参入と競争を促進する規則の実施

出所：世界銀行（2016）の議論を筆者整理

を検討する報告書も数多く刊行されてきた（OECD, 2014）。デジタル技術による社会変革の影響

なかでも世界銀行の『世界開発報告２０１６　デジタル化がもたらす恩恵』は、経済開発の観点から網羅的な検討を加えている（世界銀行２０１６）。同報告書はまずデジタル技術の直接的な効果として、①検索と情報アクセスの改善、②自動化技術の普及、そして③プラットフォーム企業の台頭、の３点を挙げる（図表１－２）。

今日、あまりに一般化したために顧みられることは少なくなったが、確かに検索エンジンによって、情報の透明性は高まった。価格に代表される重要な情報へのアクセスが容易になったことで、売り手と買い手の間の「情報の非対称性」の削減に大きく貢献した。次に、自動化技術はハードウェアとソフトウェアの両面で一般化しており、社会の効率性を高

めた。そして2000年代以降に台頭した、消費者と供給者をつなぐプラットフォームは、すでに言及したように限界費用が低く、規模拡大が容易であり、プラットフォーム参加者が多いほど利便性の向上につながるというネットワーク外部性を有した。

三つの利便性の向上にはリスクも同居しており、政策的な対応が求められる。第一に、検索によって情報へのアクセス可能性が格段に向上したが、どの情報を表示するかしないか、あるいはどの情報を検索結果の上位に表示するかは、ユーザーに多大な影響を与える。情報統制や情報バイアスが発生する可能性があるからこそ、説明責任や透明性、そしてプライバシーの保護が求められる。第二の自動化技術の普及は、非正規労働者の増加や、ひいては所得不平等の拡大をもたらすかもしれない。だからこそ技能教育や生涯学習の推進、そして社会保障制度の整備と拡充が必要となる。第三のプラットフォーム企業の台頭とネットワーク外部性の発生は、少数企業による寡占化の可能性を高め、これらの企業による競争制限的行動も生じうる。ユーザーが特定プラットフォームに固定（ロックイン）されないように、データを移動させる権利（データポータビリティー権利）や、新規参入企業への競争環境の整備が必要となる。

本節で見てきたように、ますます多くの情報がビットによって処理されるデジタル経済は、規模化が容易で、一部の勝者に市場シェアが集中する傾向がある。そしてデジタル化によって情報の普及、効率の向上、新サービスの登場といった機会が生まれる一方で、情報や市場の寡占、それによる格差の発生といったリスクも併存している。

3　新興国論の系譜に位置づける

三つの段階とその論点

前節で整理したようなデジタル化の特徴と影響は、特定の国や地域にとどまらない一般的な性質である。それでは世界人口の圧倒的多数を占める新興国、そしてそこに住む人々にとっては、一体何が新しいのだろうか。本節では新興国論の系譜をたどることで、デジタル化を考えるうえでも有益な視点を引き出しておこう。

第二次世界大戦の後、世界経済の発展フロンティアの拡張にともない、開発に関わる主要な課題は大きく変化してきた。少し回り道になるが、新興国論で検討されてきた論点を振り返ることは、デジタル化の時代を考えるうえで有益である。

主要論点は、戦後復興期を経て、大きく三つの段階に分けることができる。単純化すれば、1960年代から1970年代の「南北問題の時代」、1980年代から1990年代の「工業化の時代」、そして2000年代から2010年代前半の「市場の時代」へと議論は展

図表1－3　新興国論の系譜と日本のアプローチ

時期区分	主要論点	日本のアプローチ
1960年代〜1970年代	**南北問題の時代：**戦後復興、貧困削減と発展途上国、コロンボ・プラン	**政府開発援助の提供者としての日本：**戦後賠償と発展途上国援助
1980年代〜1990年代	**工業化の時代：**新興工業国論、冷戦と開発独裁、プラザ合意、雁行形態	**先進工業国としての日本：**政府開発援助(ODA)の拡大、直接投資（FDI）による工場建設
2000年代〜2010年代前半	**市場の時代：**ミレニアム開発目標（MDGs)、BRICs論、資源・消費市場への注目、グローバル・バリューチェーンの広がり	**課題先進国としての日本：**生産ネットワークの拡大、資源貿易、インフラ投資、中間層マーケティング
2010年代後半以降	**デジタル化の時代：**持続可能な開発目標（SDGs)、保護主義の台頭、グローバル・バリューチェーンの調整、ポピュリズム、新型コロナウイルスの流行	**求められる新たなアプローチ**

出所：筆者作成

開してきた（図表1－3）。議論を先取りすると、時代の変化のなかで、日本が果たしてきた役割も大きく変貌してきた。ただ、デジタル化の趨勢のなかで日本が果たすべき役割はいまだ不透明であり、明らかにしていく必要がある。

南北問題の時代

第一の段階は、1960年代から1970年代までの、先進国と発展途上国との間の圧倒的な経済格差を前提とした「南北問題の時代」である。

当時は「新興国」という言葉は使われておらず、「発展途上国」と呼ばれた。これらの国々では、戦後の復興期には旧植民地からの政治的な独立、貧困削減のための農業生産性の向上、そして過剰人口が貧困をもたらしているという認識から、人口管理と衛生状況の改善が主要な課題となっていた。１９６０年代に入り、開発と経済発展が主要な課題となりはじめた。

当時、アジアの停滞や貧困の要因を検討するうえで、先進国と発展途上国では経済構造が異質であると見なす「構造主義」が影響力を持った（絵所１９９７）。

一つ目の論点は交易条件であり、国際貿易関係のなかで発展途上国が不利な条件にあることを問題視していた。その代表格である従属理論は、ラウル・プレビッシュとハンス・シンガーに代表される論者が提起し、世界経済のなかでは低開発地域の近代化が先進国に従属した形で進むと主張した。その原因として挙げられたのが交易条件の悪化である。交易条件とは、１単位の輸入品で何単位の輸出品と交換可能かを意味し、途上国の輸出商品構成が資源や一次産品に偏り、これらの輸出品の価格が低迷することで、途上国にとって不利な取引条件が生まれると主張した。

この主張にはその後多くの実証的な批判が加えられたが、こうした主張の背景には、アジア諸国を含む発展途上国の多くが植民地として開発されるなかで、宗主国との関係で特定一次産品の生産地としての位置づけを強化されてきた歴史があった。「モノカルチャー経済」とも呼ばれた初期条件のもとで、輸出による経済成長の可能性を悲観視した見方は「輸出ペシミズム論」とも呼ばれた。

関連して二つ目の論点となったのは、開放経済と閉鎖経済をめぐる問題である。前述のような環境下で、一次産品への依存から脱却し、工業化を図るためにはどうすればよいだろうか。ここで選択された一つのアプローチは、輸入品への関税を高めて、一時的にでも対外貿易を大きく制限した閉鎖経済を確立し、工業製品の国産化を図る、いわゆる輸入代替工業化戦略である（渡辺１９８９）。国際競争に耐えうる経営力と「規模の経済性」を育むまでは、関税や輸入量の制限によって国内市場の保護を推奨する、いわゆる「幼稚産業保護論」にもつながる。保護された国内市場において、輸入製品を置き換えるような製品を供給することで、国内企業の成長を促し、一定の規模化を目指すという戦略が、インドの第二次五か年計画（１９５６〜１９６０年）、そして第三次五か年計画（１９６１〜１９６５年）を代表として採用された。

デジタル経済を考えるうえでも、悲観論や保護主義の問題は登場する（第3章、第4章参照）。この意味で、かつての「南北問題の時代」の視点の一部は、デジタル化を考えるうえでも有益である。

工業化の時代

第二の時期、すなわち1980年代から1990年代は、新興工業国論に代表されるような「工業化の時代」である。

この時代を象徴するものが、OECDのレポート『新興工業国の挑戦』である。彼らは新興工業国の経済成長のパターンを「外向きの成長政策」と呼んだ。国際分業に積極的に参加し、アパレル製品や玩具といった労働集約的な製品の輸出をすることによって工業化した点に注目した（経済協力開発機構1980）。

なかでもアジアの韓国、台湾、香港、シンガポールは石油危機以後も成長を持続し、さらなる経済発展を遂げた。中国からイギリスに租借されていた香港は国家ではないことを反映して、その後、アジア新興工業経済（Asian Newly Industrializing Economies, アジアNIEs）や、「アジア四小龍」と呼ばれるようになった。先に触れた南北問題を念頭に置くと、「南」とされた地域から、工業化によって高度経済成長を実現する地域が登場したことを意味した。

アジア新興工業経済が成功裏に工業化を遂げた要因をめぐっては、その後、1990年代まで議論が続くこととなった。このなかで1970年代末から、韓国や台湾の事例に注目した研究が登場して議論が進展した。なかでも、後発性の利益、工業化の社会的能力、そして市場メカニズムと国家の役割の関係の三点が重要な論点と認識されていた（渡辺1979）。

後発性の利益とは、経済史家アレクサンダー・ガーシェンクロンが提起した視座で、一国の工業化開始前の経済構造が後進的であればあるほど、先進国からの技術と制度の導入に加えて、後発国の金融部門も動員されることで、工業化が加速するというものである。

しかしながら、後発国のすべてが後発性の利益を活用して工業化できるのではなく、民間の企業経営者の存在、工場の現場での技術導入と消化を支える技術者の存在、さらに保護主義的な政策を転換するうえでの政策当局の行政能力までもが問われることとなった。これが「工業化の社会的能力」と呼ばれた要因である。関連して、海外からの技術移転を着実に現地に根づかせるような、工場の現場レベルでの技能の持続的な学習が重要な役割を果たした(末廣2000)。

この時代の工業化の意義については、対外開放と経済成長だけでなく、その分配の在り方にも注目が集まった。

1993年に刊行された世界銀行の報告書『東アジアの奇跡』では、国内所得格差を縮小させつつ経済成長した東アジアに注目し、ラテンアメリカとの対比において、東アジアを高く評価した(日本語版は世界銀行1994)。同書は、東アジア経済の成功要因として、初等教育環境の整備を通じた人的資本への投資、民間企業の競争を促進する制度の整備、経済の対外開放、そして安定的なマクロ経済運営と高い貯蓄率・投資率に注目し、一連の政策パッケージを「市場メカニズムに親和的なアプローチ」と呼んだ。

同時に、アジア諸国で工業化の始動をもたらした時期の政治体制が、戦後の独立運動を推進した独裁体制によって担われていたことも注目を集めた。軍事クーデターによって大統領の座に就いた韓国の朴正熙（パクチョンヒ）のみならず、台湾の蔣介石（しょうかいせき）政権やタイのサリット政権は選挙を経ずに政権を掌握し、経済開発政策に着手した。このような現象は政治体制としては「開発独裁」、イデオロギーとしては「開発主義」と呼ばれた。経済開発を国家にとっての第一の目標として設定し、その成果を得るために政治的な独裁体制を正当化し、工業化を進める体制を指す。東西冷戦下、反共産主義というイデオロギーに、経済発展という開発と成長のイデオロギーが合流した地点に立ち現れたのがアジアの開発主義である（末廣２０００）。米中「新冷戦」との言葉が踊る時代にあって、この指摘は示唆的である。

本書でも後で検討するように、後発性の利益、社会的能力、そして権威主義との関係は、新興国のデジタル化時代にも引き続き重要な論点となっている（第3章、第5章参照）。

市場の時代

２０００年代以降の第三の時期は、中国、東南アジア、そしてインドといった人口を多く有する地域の経済成長が軌道に乗った「市場の時代」である。

この時期、所得は低いものの膨大な人口の低所得者層を潜在的な大市場と捉える「ボトムオブピラミッド（ＢｏＰ）市場論」に代表されるように、新興国の消費市場に注目する視点が登場した。それまでの「発展途上国」という言葉よりも「新興国」という言葉が頻繁に使われ始めたのも、この頃であった。

ブラジル、ロシア、インド、中国を対象とする「ＢＲＩＣｓ」へ注目が集まったのは２００１年に刊行されたゴールドマン・サックスの投資家向け報告書がきっかけであった。対象国に一貫した特徴があるかどうかは別として、２００９年から４か国での首脳会議も開催されるようになり、言葉が実体化した。２０１１年からは南アフリカも加わり（これによりＢＲＩＣＳとなった）、インフラ投資を主要業務とする新開発銀行の設立によって、具体的プロジェクトを推進するようになっている。

なかでも中国が経済大国化したことは、世界経済に大きな構造変動をもたらした。中国は１９９２年に社会主義市場経済路線を確定し、２００１年には世界貿易機関（ＷＴＯ）に加盟することで、国際経済との統合を深めた。アジア域内外から製造業分野での多額の直接投資を受け入れ、「世界の工場＝中国」とも呼ばれる一大製造業拠点となったのである。

２０００年代から２０１０年代を見る限り、中国経済の成長は他の新興国にも大きな成長効果をもたらした。２０１０年、中国は日本の経済規模を超えて世界第２位の経済大国となった。固定資産投資は毎年２けたの伸び率を記録し、この結果、膨大な資源を消費するようになった。中国が消費する石油・天然ガス、鉄鉱石といった資源需要に応える形で、例えばインドネシアやアフリカ諸国では輸出品目構成のなかで一次産品や原材料の比率が高まる傾向が見られた（佐藤2011、平野2013）。ただし一部の国や産業では中国市場への過剰な依存が常態化し、中国経済の景気循環や政策転換による影響をこうむることにもつながった（末廣・田島・丸川編2018）。

それでも「世界の工場＝中国」をエンジンとした循環は機能した。他の新興国が中国にエネルギー資源を供給し、中国で生産された製品はアメリカを中心に世界中で消費された。この循環によって、新興国を含む世界的な経済成長が実現し、新興国の経済規模や貿易取扱額が世界に占める比重は顕著に高まってきた。日欧米の経済大国で構成されるG7（フランス、アメリカ、イギリス、ドイツ、日本、イタリア、カナダ）の経済規模が頭打ちとなるなかで、これら7か国に欧州連合（EU）、ロシア、中国、インド、ブラジルといった13か国・地域を含めたG20が世界規模の課題を議論する場として影響力のある会議体だと認識されるようになった。国際通貨基金（IMF）の定義する「新興経済と発展途上経済」を合計すると、物価を調整した購買力平価（発展途上国は一般に物価が安く、一定のドルで購入できる財やサービスがより多いことを考慮に入れた場合）では、すでに2007年時点で世界経済に占める新興・途上経済の比率は50％を超えている（図表1-4）。そして2024年には63％に達する

図表1-4　世界経済に占める新興国の比率（1980〜2024年）

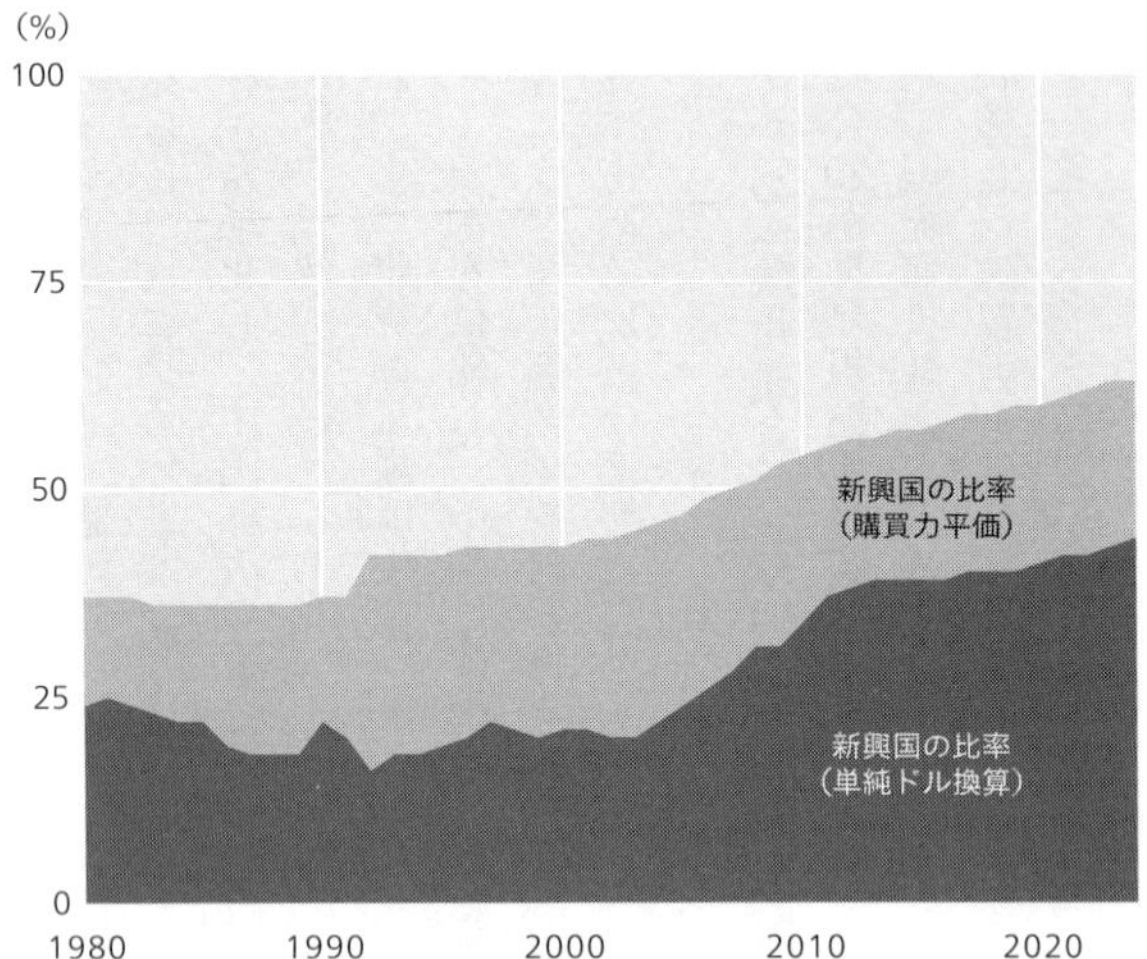

注：2019年から2024年までは予測値。新興国はIMFの定義する「新興経済と発展途上経済」を指す。これは先進国経済を次の39か国・経済とした際の、その他の国々すべてを指す。オーストラリア、オーストリア、ベルギー、カナダ、キプロス、チェコ、デンマーク、エストニア、フィンランド、フランス、ドイツ、ギリシア、香港、アイスランド、アイルランド、イスラエル、イタリア、日本、韓国、ラトビア、リトアニア、ルクセンブルク、マカオ、マルタ、オランダ、ニュージーランド、ノルウェイ、ポルトガル、プエルトリコ、サンマリノ、シンガポール、スロヴァキア、スロヴェニア、スペイン、スウェーデン、スイス、台湾、イギリス、アメリカ

出所：国際通貨基金（IMF）「世界経済見通し 2019」より筆者作成

と予測されている。

新興アジアと変わる日本の役割

世界経済とアジア経済の構造変化、そして1990年代以降の日本経済の停滞によって、日本の役割も変貌を遂げてきた。

南北問題の時代、日本は1954年10月にコロンボ・プラン（正式名称は「アジア及び太平洋の共同的経済社会開発のためのコロンボ・プラン」）に参加して以降、徐々に研修員の受け入れや専門家と青年協力隊の派遣といった政府開発援助（ODA）を始動した。つまり「政府開発援助の提供者としての日本」という関与を始めたのである。

そして工業化の時代以降は、日本は「先進工業国」として、とりわけアジア諸国への投資者であり、技術と経営ノウハウの提供者という立場を強めた。1971年のニクソンショックによって生じた円高ドル安以降、日本の対外直接投資額は年間100億ドル水準から300億ドル以上の水準に拡大した。それが1985年のプラザ合意で生じた円高ドル安によって、年間600億ドル水準にまで増加したのである。

アジアへの製造業投資も増加し、工場建設と雇用、部材の売買による貿易の活性化、現地企業へのノウハウのスピルオーバー（波及効果）を通じて、地域の工業化を推進した。域内の先進経済においてコストが見合わなくなった製造業部門が直接投資を通じて近隣国に移転する、雁行形態と呼ばれるメカニズムが見られたのもこの時代であった（後藤2019）。

そして市場の時代に入り、アジア地域では中国やインドネシアといった域内諸国が相次いで平均所得水準を中所得国レベルに引き上げることに成功した。これによって、にわかにアジアの中間層が新たな消費主体として注目を集めることになった。地域全体が「新興アジア」と呼ばれるに至り、日本企業にとってもこの需要をいかに取り込むかが課題となった（経済産業省2010、大泉2011）。

同時に、新興国内で徐々に研究開発の水準が高まり、都市化と中間層の台頭が持続し、一方で少子高齢化も進展するという複雑なメガトレンドが進行している（末廣2014、遠藤・伊藤・大泉・後藤編2018）。この結果、日本は他の国々がやがて直面する少子高齢化や成長率の停滞という課題への対応例としての役割、つまり「課題先進国」としての位置づけが目立つようになった。

そしてデジタル化の時代へ

第四の段階として本書が描くのが、2010年代半ば以降に到来しつつあると考えられる「デジタル化の時代」である。

無論、世界を席巻する潮流はデジタル化にとどまらない。貿易、移民、そして所得格差といった問題に端を発した反グローバリゼーションという潮流は、イギリスを含む欧州各国やアメリカで際立つ（経済産業省2019）。また各国内に目を転じれば、政治の現状に対する不満は、より過激な政策を提案する政治家への支持へとつながるポピュリズムをもたらしている。さらに2020年に入り世界を危機的な状況に陥れているパンデミックは、国々の連結性が高まった現代に対する痛烈な「逆流」あるいは「調整」といえるだろう。

ただ、貿易や移民への規制、ポピュリズムの台頭やパンデミックがもたらす変化が、果たして不可逆的な趨勢と言い切れるのかどうかは現時点では判然としない。それに対して情報端末はますます安価となり、経済的にも政治的にもこうした技術が求められている。パンデミックを考慮に入れたとしても、2020年代にも「新興国のデジタル化」は持続すると考えることができる（むしろ加速する兆しもある）。

それでは新興国がデジタル化する新たな環境のもとで、日本政府、そして日本企業はどのようなアプローチで新興国に関与すべきだろうか。これまでの各時代に対応した役割、すなわち「政府開発援助の提供者としての日本」「先進工業国としての日本」「課題先進国としての日本」という役割は、今後も続くだろう。しかし、デジタル化時代ならではの日本の役割をどのように自己規定するのか。少なくとも、いくつかの先駆的な取り組みを整理して方向性を示す必要がある。このことは第6章であらためて考えたい。

本書は新興国のデジタル化を考えるうえで、以下の一つの仮説と、一つの導き糸を軸に考察してみたい。

仮説――増幅される可能性と脆弱性

仮説とは、「デジタル技術による社会変革は、新興国・途上国の可能性と脆弱性をそれぞれ増幅(アンプリファイ)する」というものである。仮に技術による社会変革が世界各国で均一的に生じるのであれば、「グローバル・デジタル化論」として議論すればよい。逆に特定の国、例えば中国でのみ生じるのであれば、「デジタル・チャイナ論」を考えればよい。それにもかかわらず、本書が「グローバルなデジタル化」でも「中国のデジタル化」でもなく、「新興国のデジタル化」を主題とするのは、この着想を重視するからである。

すでに確認したデジタル化の三つの直接的効果、すなわち①検索と情報アクセスの改善、②自動化技術の普及、そして③プラットフォーム企業の台頭、がもたらす帰結は、新興国でこそ、可能性と脆弱性の両面で顕著となるのではないか。アジア経済の研究蓄積のなかでは、戦後の各国経済、政治、社会の激変を反映して、「圧縮した発展(compressed development)」という言葉が使われてきた。デジタル化や人工知能技術の導入においても、すべての新興国

図表１－５　デジタル化で増幅される可能性と脆弱性

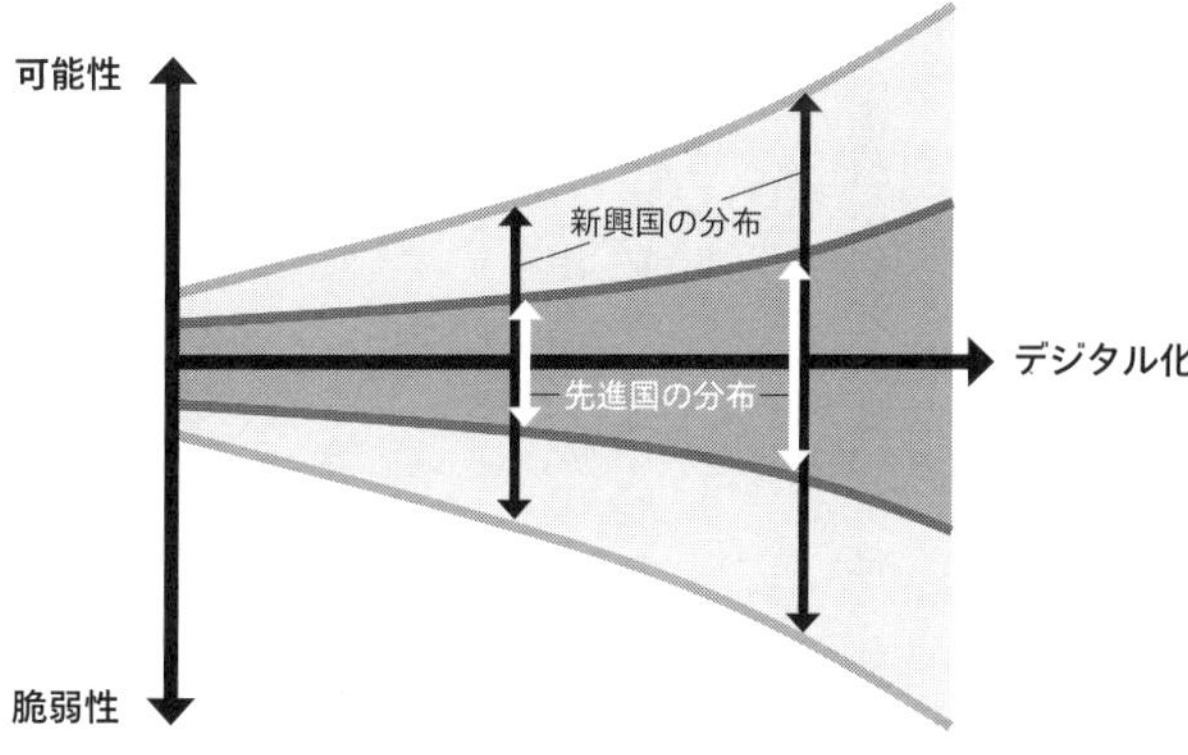

出所：筆者作成

とはいわないまでも、一部の国々では急速な導入と普及が進む可能性がある。この結果、例えば業務自動化水準やフリーランス経済の広がり等の面で「デジタル化社会」が先進国よりも新興国で急速に訪れるかもしれない。

このことを図示したものが図表１－５である。デジタル化によって、先進国と新興国のいずれにおいても、可能性と脆弱性は生じる。だがその影響は新興国のほうが大きい、という仮説である。新興国ではそもそもの課題が大きいがゆえに、それが技術的に解決されることによる社会的なインパクトも大きい。それにより、先進国を一足飛びで越えていくような発展も生じうる。新興国に多い人口大国はユーザー数の面でも巨大な潜在力を有するとともに、権威主義体制の影響に代表されるように、脆弱性もさらに深刻なものになるかもしれない。

導き糸――デジタル化の温故知新

次に、本書の導き糸とは、新興国論と工業化論の研究蓄積を念頭に、デジタル化の何が新しい論点で、何が古い論点かを意識しながら検討を進めることである。

戦後東アジアにおいて、工業化が果たしてきたポジティブな面として注目されたのは「平等化をともなう経済成長」であった。しかし目下の経済社会のデジタル化は、自動化が進展することで雇用創出力が限定され、所得格差を拡大させる可能性もある。これは「平等化をともなう経済成長」をもたらした工業化とは異なる新たな論点である。

一方で、先進国のプラットフォーム企業が強い影響力を持つ状況で、新興国の企業やユーザーが不公正な交易条件に直面する可能性もある。後発性の利益、保護主義、社会的能力、そして権威主義体制との関係といった論点は、デジタル化の時代においても再び検討が必要となっている。

本書では以上のような仮説（増幅説）と導き糸（工業化との対比）を念頭に置きながら、検討を進めていく。

第2章　課題解決の地殻変動

1　プラットフォームによる信用の創出

「なぜより安全に車に乗る手段がないのか？」

インターネットと情報通信端末が普及し、新世代のＩＴ企業が台頭することによって、新興国が抱えてきた課題が解消され始めている。例えば取引相手の信用問題を緩和・解消するうえで、後に述べるプラットフォーム企業は有効かつ重要な役割を果たしている。第２章ではデジタル化が新興国にもたらした新たな機会として、様々な課題解決への貢献に着目し、その可能性と限界を考えていく。

マレーシアで創業し、現在シンガポールに本社をかまえるグラブは、次のような疑問からスタートしたという。「なぜより安全に車に乗る手段がないのか？」（"Why can't we have a safer way to hail a ride?"）。この言葉は、比較的安全かつ清潔にタクシーを利用できる日本では必要とされないものだ。しかしタクシー業界に十分な規律やモニタリングが機能しない環境下では、タクシーが最短経路を走らず、過大な料金を請求されたりする。グラブ共同創業者のアンソニー・タンは「タイ、フィリピン、マレーシアの乗客にとって、最大の問題は安全性だ」と述べている（ロイター2014年12月12日）。新興国のなかには、こうした問題が深刻な地域も少なくなかった。

そうしたなか、スマートフォンからタクシーの配車を依頼するライドシェアサービスであれば、第三者であるプラットフォーム企業が乗客と運転手の取引を成立させ、同時にその取引をモニタリングし、安全性と信用を提供できる。具体的には、まず全地球測位システム（GPS）の信号をもとに地図上に最短経路を示し、なおかつ走行経路を記録できる。加えて乗客にサービスへの満足度を尋ねることで、運転手のサービス水準を評価（レーティング）できる。サービス評価の低い運転手は徐々に新たな乗客が配分されずに淘汰され、優良運転手が選別されるようになる。遊休宿泊施設の貸し出しサービスにおいても、プラットフォーム企業が第三者として評価を行うことで同様の効果が生まれる。

プラットフォームがもたらす信用

第1章では、デジタル化がもたらしつつある変化として、『世界開発報告』が①検索と情報アクセスの改善、②自動化技術の普及、③プラットフォーム企業の台頭、以上の3点を挙げていることを紹介した（図表1-2参照）。このなかで工業化の時代に存在しなかったことは、情報アクセスの向上とプラットフォーム企業の登場である。

デジタル化が新興国の課題を解決するメカニズムの筆頭は、プラットフォーム企業の登場によるリスクの管理と信用の創出である。プラットフォーム企業とは、売り手と買い手の間に立ち、製品の開発環境を提供したり、情報を収集したりして、取引相手と引き合わせること（マッチング）によって付加価値を作り出す事業体である。プラットフォームを分類する視点は複数あるが、アレックス・モザドとニコラス・ジョンソンはビジネスに近い立場から二つに分類している。

まず、アマゾンやアリババに代表される電子商取引サイトのように、取引費用の縮小に重点を置くタイプは「交換型プラットフォーム」、そしてアップルのiOSやブログ記事を投稿できるミディアムのような、コンテンツを開発・公開することができる環境を提供するタイプを「メーカー型プラットフォーム」と呼んでいる（モザド&ジョンソン２０１８）。

交換型プラットフォームは売買を成り立たせ、決済サービスを提供することで、新興国に欠けてきた個人間の信用を創出しつつある。経済学者のジャン・ティロールはプラットフォームとデジタル経済が果たす役割について次のように述べる。

「取引コストの中でしぶとく残っているのは、供給の精査や取引先の選定に関するコスト、そしてシグナリング（この場合には、潜在的な取引相手に対してこちらが信頼できることを売り込む行動）に要するコストであって、もはや輸送コストではない。（中略）プラットフォームは相手を見つける手伝いをしてくれる。輸送、関税、検索などのコストが下がれば下がるほど、（中略）巧みに選別をしてくれる高度なプラットフォームが求められるようになる。（中略）言うなればプラットフォームは、無限に供給が押し寄せる大海の中で、私たちを導く水先案内人の役割を果たしているのである」（ティロール2018、420～421頁）

実はこのことは、先進国の経済環境ではそれほど決定的な重要性を持たないと考えられる。なぜならば「取引が成り立つこと」そのものや、「安全に利用できる」ことは、すでに取引相手が可視化され、取引履歴もある程度確認でき、法の執行も保障されている環境では当たり前のことだからだ。それに対して中国や東南アジア、そしてアフリカを含む多くの新興国では、潜在的な取引相手の選定コストはより大きい。従来の環境では単発の取引において、未知の取引相手への信用を担保する手段が限定的で不確実性が大きい。デジタル化によっていままで属性が不明だった取引相手が可視化され、市場全体が見えるようになっていくのだ。

アリペイによるエスクローサービス

中国では電子商取引の普及の際に最大のボトルネックとなったのが、まさにこの点であった。通販において、「買い手は商品が届くまで現金を払いたくない」「売り手は代金が届くまで商品を発送したくない」という状況が生まれていた。このためインターネットがあっても、最終的には実際に対面して受け渡す取引が行われていた。

そこで登場したのがアリババによる支付宝（アリペイ）というサービスである（廉・辺・蘇・曹2019）。買い手がアリペイへ代金を預け、売り手から発送された商品を買い手が確認して以降にアリペイから売り手へと支払いがされる仕組みを提供した（図表2-1）。これによって、買い手と売り手の間に信用が欠けている状況下でも、第三者としてのプラットフォーム企業が取引を保証し、またモニタリングすることで、見ず知らずの相手との取引が促進される。日本ではフリーマーケットアプリのメルカリで採用されているこの仕組みは、エスクローサービスと呼ばれる。仲介者を介在させることによって取引を担保するもので、決してデジタル経済特有のものではないが、デジタル経済によってあらためてその効果が発揮された。

図表2-1　プラットフォーム企業による信用確保の仕組み（エスクローサービス）

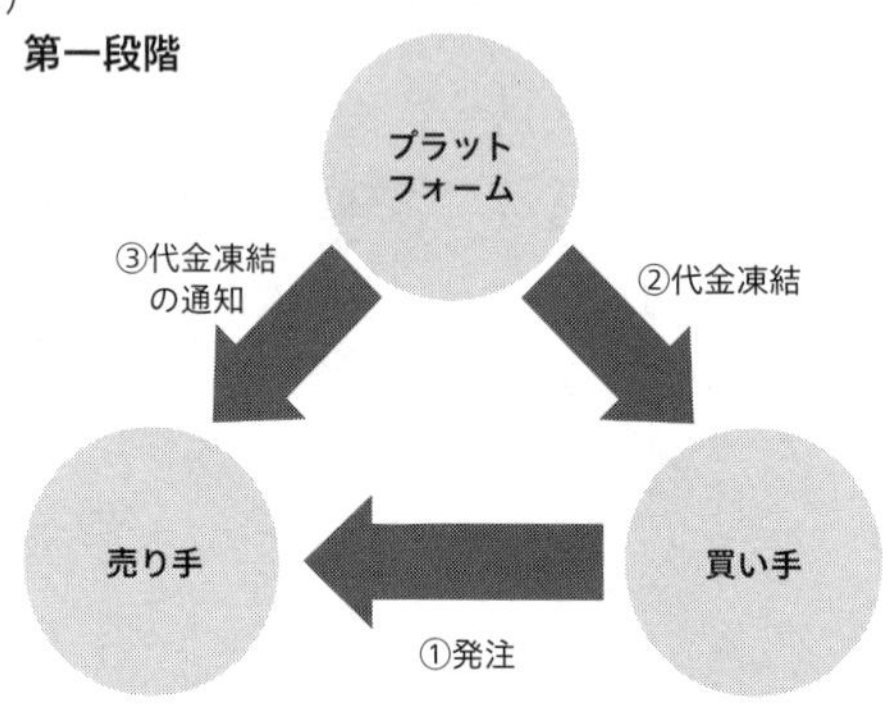

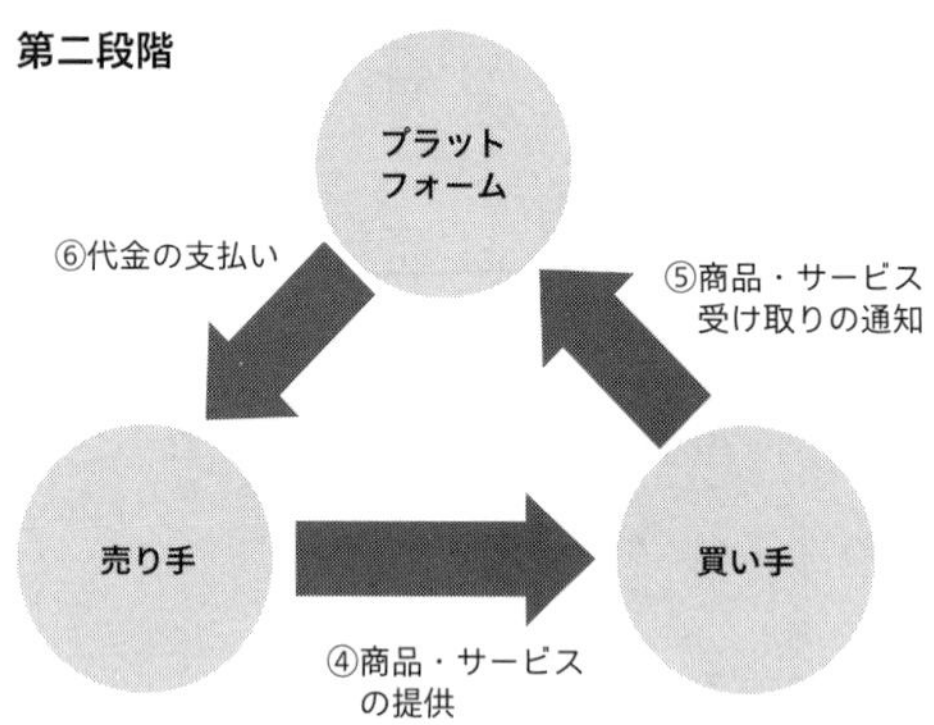

出所：梶谷（2017）をもとに加筆修正

アフリカで広がるモバイル・マネー

アフリカではケニアのＭ－ＰＥＳＡを筆頭に、銀行口座は持たないが携帯電話を持つ人々が、通信会社の口座内にお金を預ける形でモバイル・マネーが広がっている。Ｍ－ＰＥＳＡの普及以前には、出稼ぎ先から実家への送金手段として、プリペイド式カードが利用されていた。出稼ぎ先で購入したプリペイドカードに記載された課金パスワードを携帯電話のメッセージ機能で家族に知らせ、家族がそのパスワードを使って換金する、という手順である。こうしたニーズに対応して、Ｍ－ＰＥＳＡが２００７年からサービスを開始し、今やプリペイドカードの代わりに、モバイル・マネーを使って送金するようになっている。その後ケニアだけでなく、タンザニア、アフガニスタン、南アフリカ、インドにまでサービスは広がっている。

また銀行口座を持たない人にも、少額のローンといった金融サービスのニーズはある。通信会社が顧客に対して通信サービスを提供するのみならず、第三者として決済を担い、さらに各種の支払い履歴情報を持つようになれば、このデータを活用した信用評価や小口融資サービスも展開できる。

しかしアフリカの通信会社は社内で先端的なＩＴサービスを開発できない場合も多い。ここに目をつけるベンチャー企業も登場している。その例が南アフリカのケープタウンで創業したジュモである。同社は新興国の通信会社に対して、小口金融のための信用評価の算出システムを提供している。2014年に創業し、2018年までに従業員340人を超える企業に成長し、ベンチャー企業としてアフリカでも有数の資金を調達した。すでにアフリカではザンビア、ガーナにサービスを展開し、さらにパキスタン、バングラデシュといった南アジア地域でも事業展開を準備している。教育水準の高い南アフリカに立地することで高いレベルのエンジニアを確保しながら、先進国市場は狙わずにアフリカ、アジアの新興国市場への拡大を目指している（日本貿易振興機構2018）。

南アジアに広がるフリーランス経済

プラットフォームが介在することで、個人レベルで海外に仕事を発注できるようにもなってきた。こうしたプラットフォームの一つに、オーストラリア発の「フリーランサードットコム」がある。例えばデータ入力、ホームページの作成、翻訳、校正、そしてソフトウェア開発までが取り扱われている。

具体的な流れを紹介しよう。まず英語で、委託したい業務の概要と予算、そして作業完了日を提示して投稿する。一つのプロジェクトに対して複数のフリーランサーから受託の提案（オファー）がくる。筆者が2019年に投稿したデータ入力作業のときには、約1時間で

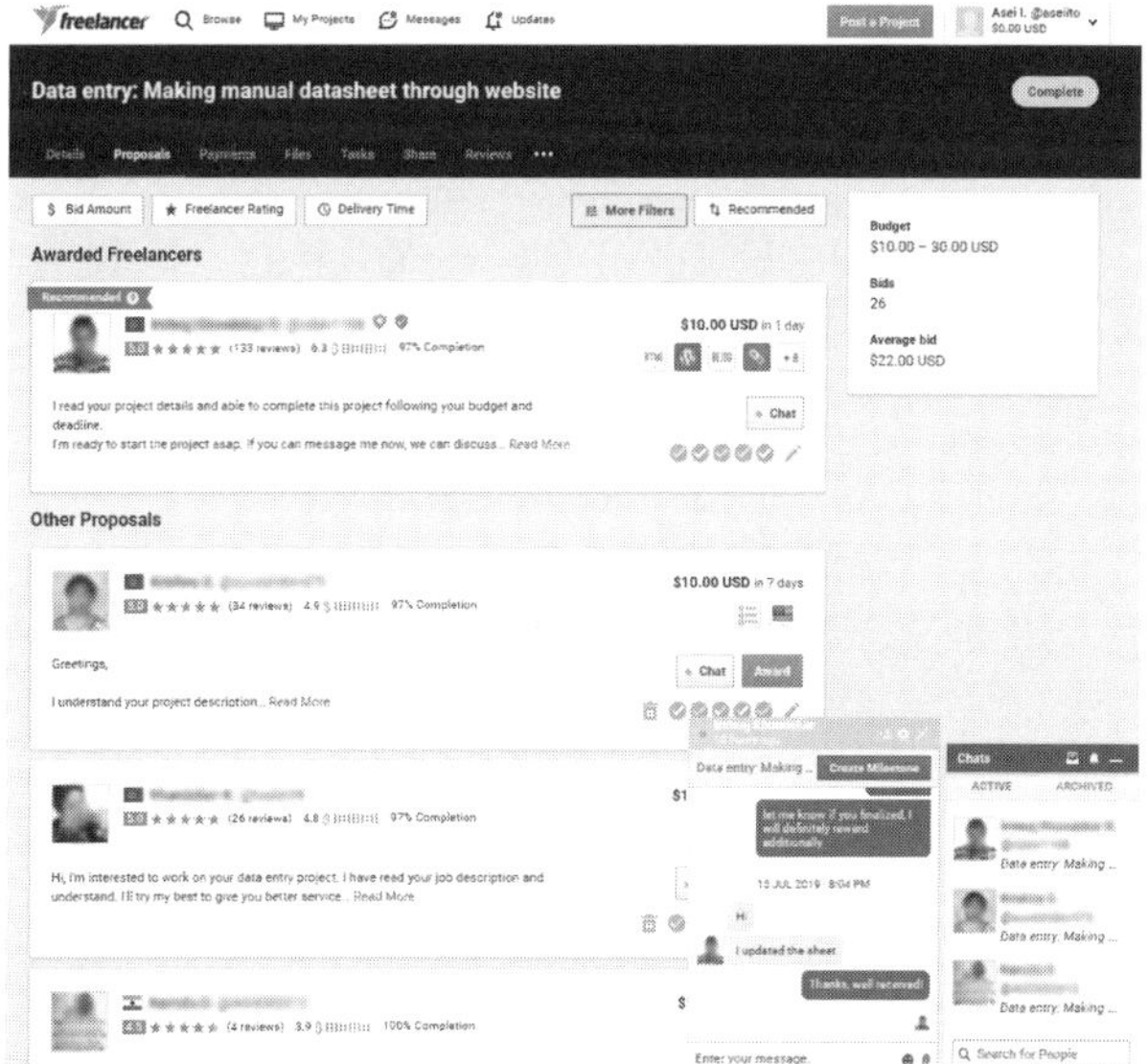

写真2-1　フリーランサードットコムの画面（2019年7月、筆者撮影のものを一部加工）

30人以上から受託提案があった（写真2-1）。候補者のリストは、プラットフォーム側が提示価格と過去の評価を総合したうえで、順位づけされた形で表示される。そして候補者とは即座にチャットでやりとりが可能となり、実際の作業について詳細を提示し、過去に類似プロジェクトを経験したことがあるかを確認できる。

日本にも類似のサービスはあるが、「フリーランサードットコム」には世界中のフリーランサーが登録している。筆者のプロジェクトには、特にバングラデシュやインド等の南アジアのフリーランサーが多く応募してくれた。何人かとチャットをするなかで、気が付いたことがあった。それはグーグルが提供するオンラインのクラウド文書作成サービスである「グーグル・ドキュメント」や「グーグル・スプレッドシート」が彼らにとっては常識的なインフラとなっていることである。

グーグル・ドキュメントは、オンライン上で文書を作成でき、複数のユーザーが一つのファイルを閲覧したり修正したりできるものだ。グーグル・スプレッドシートは、その表計算版である。わかりやすくいえば、マイクロソフトのワードとエクセルが、オンライン上にあり、同時に複数のユーザーが手を入れられる、といった具合だ（なお、本書の図表データの一部も、238ページのQRコードからグーグル・スプレッドシートで閲覧できる）。

例えばデータ入力の業務の場合、発注側としては、意図した通りのデータが作成できているか、早い段階で確認したい。そのサンプルを見せてもらう際には、グーグル・スプレッドシートのURLをチャットで共有すればよい。これで彼または彼女が行っている作業をリアルタイムで確認しながら、「いや、入力の仕方が違う」であるとか、「それはX列目に入力してほしい」といったやりとりができる。こうした確認をしたうえで、実際に特定のフリーランサーに仕事を発注するわけだ。

フリーランサーへの発注の際にも、約束した金額がすぐに送金されてしまうと、「送金したのに作業してくれない」という問題が発生しかねない。受託する側からすれば、「作業したのに送金されない」という心配もある。ここでも図表2-1で示したような手順が採用されている。まずフリーランサーへの業務内容を通知し、作業締め切りと支払い金額を示したうえで提示（オファー）する。フリーランサー側が受託すれば実際に作業開始である。そして依頼された作業が完了したときに、発注主が「依頼業務完了、支払い」を選択することで、プラットフォーム側に保管されていた金額がフリーランサーに送金される。プラットフォームはここで仲介手数料を徴収するのだ。この過程で、フリーランサーは発注側を、発注側はフリーランサーをお互いに評価する。フリーランサーは当然高い評価を得なければやがて業務が受注できなくなるために努力するし、発注側も不当な業務要求をした場合には評価を下げられる。「ブラック」な発注者だと特定されれば、業務を発注できなくなるのである。

オックスフォード大学インターネット研究所は、主要なフリーランサー向けプラットフォームから情報を収集し、その結果、プロジェクトへの応募状況から見てフリーランサーの数が最も多いのは南アジアである。図表2-2には、2017年6月から2019年7月までの2年余りの間にプロジェクトに対して応募された総数を示している。インドからは約3900万件、バングラデシュからは約2800万件の応募があった。特にインド、バングラデシュ、パキスタンといった国々のエンジニア、そして主婦も英語能力やその他の技能を活か

図表2-2　フリーランス・プロジェクトへの応募者数上位の国々

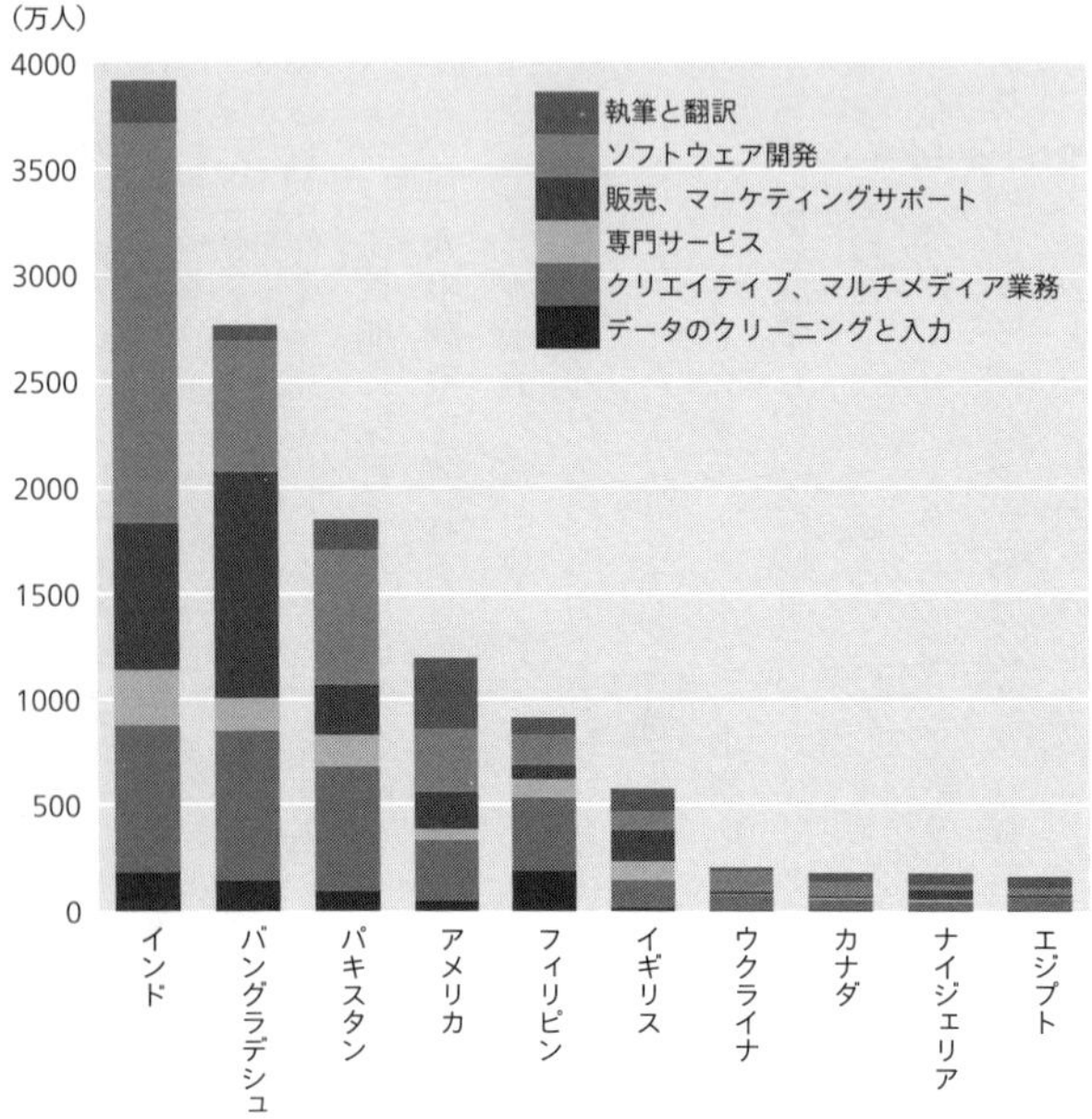

注：日別・タスク別データより2017年6月16日～2019年7月24日の期間のオンラインワーカー数を集計し、上位10か国を表示した。このため同一人物の複数回の応募を含む。

出所：The Online Labour Index（University of Oxford, Oxford Internet Institute）公開データより集計

してフリーランサーとして活動している。このデータは、英語のフリーランスマッチングサービスの登録データをもとに集計されているため、英語話者が多い地域が上位に入っているが、それ以外の国々でも国内のマッチングサービスでの利用は増加している。

トーマス・フリードマンは、『フラット化する世界』で国境を越えたサービス業務の委託が広がっていることに注目した（フリードマン２００６）。当時はアメリカの大企業が、インドの大手受託会社に委託する例がその典型であった。しかしこうした国境を越えた業務委託が、個人と個人の間で、なおかつリスクをコントロールしてやりとりできる時代に入っている。特定の法人企業に所属して業務を行い、月給をもらうことを現代社会の特徴の一つだと考えると、南アジアで広まっている特定企業に所属しないフリーランス経済は「ポストモダン」的である。

携帯電話の爆発的な普及

新興国の情報化を支えているのは情報端末、なかでも携帯電話の爆発的な普及である。筆者が２０１８年夏にミャンマーの地方都市のあるアパレル工場を訪問した際、ちょうど従業員の休み時間だった。従業員たちは縫製作業をするミシンの横の地べたに座り、仲間とスマートフォンで動画を見ていた。同年のミャンマーの１人当たりＧＤＰは１２９８ドル。この水準でも工場労働者はスマートフォンを手にでき、そして動画配信を支える通信インフラが構築されている。

図表2-3は世界各国の固定電話、インターネット、携帯電話の普及比率を示したものである。1995年、2005年、そして2015年の三つの時点を示している。インターネット元年にあたる1995年時点では、固定電話が先進国で普及しており、携帯電話（当時は肩にかけるような大きさだった）の利用は先進国でも経営者などの一部の層に限られていた。そして1人当たりGDP5000ドル以下の中低所得国では、情報通信機器はいずれもきわめて低い普及率にとどまっていた。2005年になると中所得国の一部でも携帯電話が普及し始めたが、依然としてインターネットを含めて情報アクセスの手段は限定的だった。

この状況は2015年までに激変した。もはや中低所得国でも携帯電話が広く普及している。新興国での情報通信端末の普及が、すでに言及したようなプラットフォーム企業とモバイル・マネー、より広くはデジタル経済の発展の土台となったのである。農民、漁民、露天小売商といった人々が情報端末とネットワークを手にして、決済し、帳簿をつけ、より広範囲の取引相手と連絡できるようになっている。

それでもデジタル技術が新興国にもともと存在していた人と人とのネットワークやビジネス慣習を丸ごと置き換えるとは限らない。人類学者の小川さやかは、『チョンキンマンショ

図表2－3　急速に普及する情報通信機器

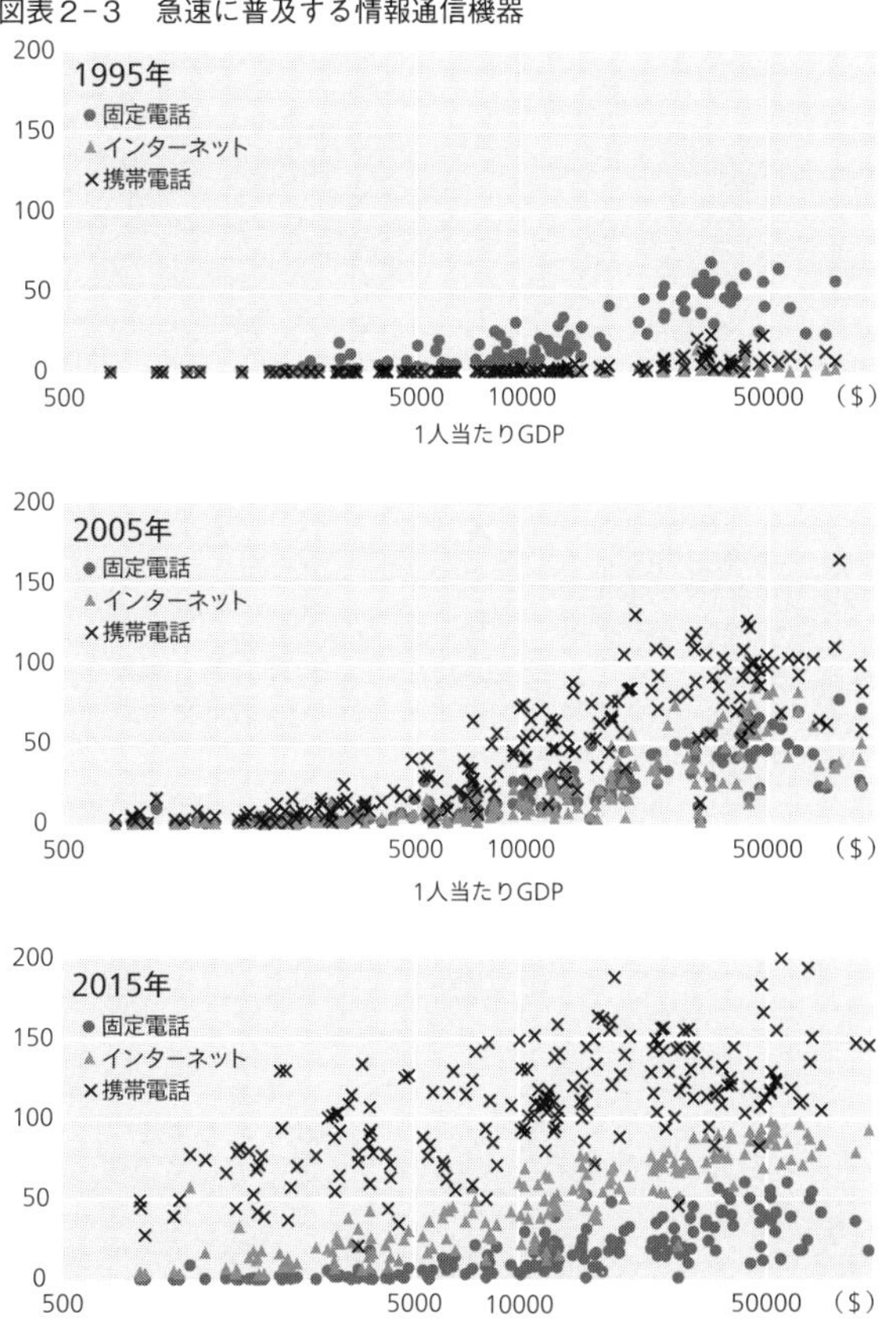

注：縦軸の固定電話は100人当たりの契約件数、インターネットは対全人口の利用者比率（%）、携帯電話は100人当たりの契約件数。横軸の1人当たりGDPは2017年国際ドル・購買力平価表示

出所：総務省（2019）の図表1－1－3－6を参考に世界銀行「世界開発指標」より作成

ンのボスは知っている』で、香港でビジネスを展開するタンザニア商人の事例を紹介している（小川２０１９）。そこで興味深いのは、ソーシャル・ネットワーキング・サービス（ＳＮＳ）を活用しながらも、もともとのアングラな「騙し、騙され合う」ようなやりとりがＳＮＳ上で相変わらず展開していることである。第三者としてのプラットフォーム企業が「信用」を提供する領域とインフォーマルな取引とが、いまだに併存していることも新興国デジタル化の現在地であり、特徴である。ただ、プラットフォームの普及による取引の透明化という傾向は今後も続くだろう。

2　ベンチャーによる「下から」の課題解決

エチオピアのベンチャー企業

「デジタルによる恩恵」は、大型のプラットフォーム企業のみならず、多数のベンチャー企業からも創出される。デジタル化は様々な新しいサービスの形成を通じて、目の前の課題解決につながっている。

筆者がエチオピアで訪問した会社について、同行した日本貿易振興機構（ＪＥＴＲＯ）の高崎早和香のレポートをもとに紹介しよう。エチオピアの首都アディスアベバに、同国初のベンチャー企業の育成を目指すインキュベーション施設として、２０１１年にアイスアディスは設立された。ドイツ国際協力公社（ＧＩＺ）の援助で設立されたが、現在は民間運営で成り立っている。繁華街のビルのワンフロアを借りて、月ぎめの料金でオフィススペースを提供する、いわゆるコワーキングスペースを開設し、起業促進のためのイベントを運営している。

アイスアディス入居企業の一つである50ロミ社は、アディスアベバ大学出身の技術者２人が起業した医療業界向けのサービス企業だ。２０１５年に設立され、従業員は２０１８年時点で5人である。同社はエチオピア国内の病院向けにＩＣＴサービスを提供しており、患者による診察予約から医師のスケジュール管理までを統合的に管理するサービスを開発している。いわゆる統合型業務システム（Enterprise Resources Planning, ERP）の提供である。エチオピアのような低開発の国では、病院などの公的機関のＩＴ化は遅れており、効率化の余地が大きい。

創業者のテメスゲン・フィセハはビジネス拡大にはまだまだ課題が残るとして、次のように述べる。「産業界全体としてＩＴ技術への馴染(なじ)みが薄く、システム導入の必要性について理解が得られるまでに時間を要する。また、投資家もテクノロジー分野に関する知見が少ないため、エチオピア国内での資金調達のハードルが高い」。そしてインフラの弱さゆえに停電が多いこともこうした事業の障壁となっている。オフラインでも機能するシステムを開発する必要があり、さらに送信データ量も圧縮するなどの対策が必要である。

フィセハが目指すのはエチオピアのビジネス業務のデジタル化である。「エチオピアは1億の人口を有する大市場で、インターネット普及率の上昇とともに加速度的な成長が見込まれる」と展望していた。低開発国の場合、IT化の余地は大きいものの、それだけのシステム投資資金を有する機関が限られており、病院のような公的機関が数少ない確かな需要である（高崎2018）。

南アフリカの精密農業とスマート漁業

アフリカ大陸のなかでも、南アフリカは経済発展が進んでおり、第一次産業のデジタル化の取り組みも進んでいる。

ケープタウンで創業したエアロボティクスは、ドローンを活用した画像認識サービスを提供するベンチャー企業である。南アフリカでは大規模農園が広がっており、果樹園の生育状況を把握するために、ドローンでの空撮映像も活用されている。エアロボティクスは、農業のなかでも木の生育状況を管理する精密農業サービスに特化しており、600万本分のデータを蓄積することで、個々の樹木レベルの生育状況の分析精度を高めている。同国西ケープ州で栽培が盛んな柑橘類の果樹、ナッツ、チェリーなどの高級作物の樹木が主たるサービスの対象である。農家は専用のアプリを携帯にダウンロードし、生育状況をリアルタイムで管理しており、主に害虫対策に使われるが、肥料の投入量などを個別の木の状態によって使い分けることもできる（日本貿易振興機構２０１８）。

また携帯電話の普及は伝統的な小規模漁民の営みを可視化しつつある。南アフリカの農林水産省とケープタウン大学が開発したアプリ・アバロビ（ABALOBI、コサ語で漁師を意味する）は、漁師たちが漁獲記録を取ることができるものだ。近年農業・漁業分野では、収穫・捕獲された産品を生産段階まで遡及して記録する追跡可能性（トレーサビリティー）が重視されている。いつどこでどのような漁法で魚が捕獲されたか、スマホのＧＰＳ機能を活用すれば、漁師は自らの操業日誌を蓄積でき、またレストランや消費者も記録を確認できるようになる（箭内２０２０）。

前節までで説明したように、プラットフォーム企業は、売り手と買い手の間に立ってリスクを引き下げ、信用を創出する。言うなれば「上からの課題解決」を担うのに対して、情報通信とデジタルの個別サービスを開発提供する取り組みは、ボトムアップな「下からの課題解決」と呼べるだろう。新興国の病院や政府機関、そして農業・漁業の効率化を進めるうえで、デジタル技術の活用の余地は大きい。

「これで十分」な解決策——中国の物流

新興国におけるデジタル技術の活用方法を観察すると、機能、導入コスト、そして運営コストを大幅に削減した解決策（ソリューション）がたびたび採用されている。筆者はこれを「軽いＩｏＴ」と呼んでいる（伊藤・高口２０１９）。第二世代携帯電話機の通信方式の一つであるＧＳＭネットワークで決済を行うＭ-ＰＥＳＡ、枯れた技術と考えられてきた二次元のＱＲコードを決済手段として活用するアリババやテンセントが採用したアプローチは、その代表といえるだろう。アフリカのルワンダでは音声通話で医師の診察を受けて、ＳＭＳ（ショートメッセージ）で薬の処方箋を発行するサービスもある（伊藤・高崎編２０２０）。

電子商取引が普及するなかで、ボトルネックとなっているのは現実に商品を自宅まで宅配する物流である。半導体性能の持続的向上によってビットの世界が広がる一方で、物質（アトム）の世界との接点、特にラスト・ワンマイル（最後の１マイル、つまり末端の配送拠点から各戸まで）の輸送に問題が集約された。これは日本でも、そして多くの新興国においても変わらない。

中国では、電子商取引市場の規模は２０１０年代に前年比で30％を超える成長を続け、現状で世界最大の市場規模となっている。これにともない、宅配便の配達件数も爆発的に増加した。宅配便の年間取扱件数は、２００８年時点では日本よりも少ない15・1億個であったが、17年には４００億個、そして18年には５０7億個に達した。１人当たりで年間1個程度から、わずか10年で30倍以上となった。加えて中国では11月11日の「独身の日」に代表されるように、特売セールの期間を設け、あえて需要を集中させるようなマーケティング戦略が採用された。

その結果、中国の電子商取引業界でも物流はボトルネックとなってきた。電子商取引で購入した商品が宅配業者の倉庫にあふれ、いつまで経っても記載された住所に届かない状況が発生していたのだ。中国在住経験者であれば、自ら宅配業者の末端ステーションを訪れて、そこに無造作に置かれた商品群から、自分宛ての商品を探した経験があるかもしれない。電子商取引業界のなかでも、自社で流通を手掛ける京東集団（ＪＤドットコム）は宅配まで自社で管理し、高い顧客満足度を目指す企業として知られている。しかし、そんな同社でも、筆者が商品を取りにいったときにステーションで広がっていた光景は、乱雑を極めたものであった（写真2-2）。

それでも中国の物流システムは近年更新されつつある。なかでもアリババ集団傘下で、深圳（しんせん）に設立された菜鳥網絡（ツァイニャオ）のラスト・ワンマイルは届けないという「割り切り」のアプローチは興味深い。同社は２０１３年5月に設立された、物流システムの開発に

写真2-2　JDドットコムの配送ステーション（2017年6月、筆者撮影）

特化したエンジニア中心の会社で、物流そのものは手掛けない。複数の配送会社が共同で利用できる物流管理システムを開発し、そしてラスト・ワンマイル向けの「菜鳥ステーション」をフランチャイズ形態で全国に展開することで、「ラスト・ワンマイルは顧客に取りにきてもらう」という選択肢を作り出しているのだ。

「割り切り」の典型は大学のキャンパス内にある。中国では大学生はキャンパス内の宿舎に住み込んでいるため、彼らに宅配するためには宅配業者がキャンパス内に昼夜問わずに入ることになる。しかしキャンパス内の保安の観点からこれは避けたい事態である。そこでキャンパス内の「菜鳥ステーション」に集中的に商品が届くようにした。ユーザーであ

写真2-3　菜鳥ステーション（2019年4月、筆者撮影）

る大学生たちは商品の到着情報を携帯電話のSMSとアプリで受信し、自らキャンパス・ステーションに取りにいくのである。商品の受け取りに加えて返品処理を行う窓口にもなっている。現在、大学のキャンパス内に展開するキャンパス・ステーションは2800か所に達しており、主要な大学内にはほぼ設置されている。

そして「菜鳥ステーション」はキャンパスを飛び出し、町中や裏通りでも急速に数を増やしている（写真2-3）。ユーザーは、発注時に記載される宅配日時に自宅にいないことが予測される場合には、配送先住所から近い「菜鳥ステーション」に3日間まで無料で保管を依頼できる。また、都市部ではオフィスビルや集合住宅の入り口にスマート宅配ロッカーを展開することで、日本でも問題となった再配達業務の削減につなげている。

「割り切り」のアプローチは製造業の現場でも見られる。例えば製造業の現場をデジタル化する場合、工場内の特定工程の作業を指示し、工場内の生産の進捗状況といった各種の情報を常時更新する必要がある。工場全体の情報把握と指示を、統合的に解決するには多大なコストがかかるため、新興国の一般の中小製造業の場では導入が難しい。しかし、タブレット端末を作業者の近くに設置して作業指示を表示することなら容易だ。またセンサーが搭載された簡易なＩｏＴ開発ボード（ラズベリーパイ等）を活用して生産ラインの状況を把握することは、予算が限られていても可能である。そのような改善を行えるエンジニアが確保できれば、効率化の取り組みはより容易になってきている。

ベンチャー投資の拡大

見逃せないのは、ベンチャー企業の育成の仕組み、そしてベンチャー投資が新興国にまで広がってきていることだ。「上からの課題解決」をもたらすプラットフォーム企業も、創業時はベンチャー企業に過ぎない。そしてボトムアップの課題解決を実行するＩｏＴ関連のベンチャー企業は、提供するサービスに対してマーケットに需要があるか、試行錯誤が求められる。このためにたくさんの新規創業企業が生まれるように支援することは、経済のデジタル化を進めるうえでも大事である。

未上場のベンチャー企業の成長余地を見定めて出資するのがベンチャーキャピタルによる投資である。ベンチャーキャピタルは、自己資金で投資を行うケースもあるが、一般的には外部の投資家から資金を調達し、投資先企業が株式上場や大企業によって買収されることで株式の売却益を得る。ただし投資先企業は未上場企業であるため、成長余力を測ることが難しいケースも少なくない。その一方で、デジタル経済では創業から数年で10億ドルの企業価値を持つようなユニコーン企業へと成長することも少なくないため、ハイリスク・ハイリターンの投資形態である。

創業間もない段階で、事業構想と主要メンバー、そして製品・サービスの初期バージョン（プロトタイプと呼ばれる）が固まった段階での投資はシード投資、エンジェル投資等と呼ばれる。そして事業が動き始め、顧客の獲得と売り上げが立ち始めたタイミングで、さらなる成長のための投資はシリーズA、シリーズB等と呼ばれ、その後は株式市場への上場の一歩手前の段階に入ることになる。

アフリカでも近年ベンチャー投資の拡大が続いている（図表2-4）。2015年の1・77億ドルから2019年には20・2億ドル、件数でも同期間に54件から250件へと増加した。創業間もない段階でのシード投資では、投資規模は平均で1件当たり80万ドルから120万

図表2-4　アフリカにおけるベンチャー投資（2015～2019年）

	2015年	2016年	2017年	2018年	2019年
VC 投資総額（100 万ドル）	177	366	560	1163	2020
グロースステージ	38	166	189	602	912
シリーズ B	56	78	157	274	488
シリーズ A	65	90	147	208	469
シードステージ	18	32	67	79	151
VC 投資件数（件）	54	74	128	164	250
グロースステージ	3	4	7	14	19
シリーズ B	10	7	15	19	25
シリーズ A	17	24	33	51	79
シードステージ	24	39	73	80	127
VC 投資平均額（100 万ドル）	3.3	4.9	4.4	7.1	8.1
グロースステージ	12.7	41.5	27.0	43.0	48.0
シリーズ B	5.6	11.1	10.5	14.4	19.5
シリーズ A	3.8	3.8	4.5	4.1	5.9
シードステージ	0.8	0.8	0.9	1.0	1.2

注：集計対象は20万ドル以上の投資案件で、賞金や援助は含まない
出所：Partech（2020）より作成

ドル程度である。これに対してビジネスモデルが固まり、顧客と売り上げを持続的に拡大できる見込みが立つ段階（グロース・ステージ等と呼ばれ、この段階においても成長余力があれば財務上は赤字でも問題とならないこともある）では、2015年の平均1270万ドルから2019年には平均4800万ドルへと増額傾向にある。

アフリカに広がるテックハブ

ベンチャー投資に加えて、各国でデジタル経済での起業を支援する拠点の整備も進んでおり、これまで先進国に留学したまま帰還し

なかったような高度人材の還流も生まれている。起業支援の拠点には、公的機関がベンチャー企業を育成するインキュベーション・センター、オフィススペースを提供するコワーキングスペース、そして投資家がオフィススペースと経営アドバイスを提供するアクセラレーター（直訳すれば加速器）等が含まれる。これらを広義に「テックハブ」と呼んでおこう。

アフリカにおいて「テックハブ」の数が多いのはナイジェリア、南アフリカ、エジプト、そしてケニアである。2019年夏時点で、ナイジェリアには合計85か所、南アフリカには合計80か所の「テックハブ」が運営されている。これに続くのがエジプトの56か所、ケニアの47か所、モロッコの31か所である。こうしたコミュニティーの拠点は、物理的な空間を提供するだけでなく、むしろその場に国内外のベンチャー業界の主要人物をつなぐようなキーパーソンが常駐していることこそが重要だ。

キーパーソンは様々なイベントを開催し、コミュニティーを形成していくうえで大事な役割を果たすことになる。より直接的に次世代の企業家を育成できるのは、デジタル経済の領域でベンチャー企業を起業し、そして成功した企業家たちである。彼らは自身の事業経験とノウハウに加えて、投資を実行するための資産も有する。事業家としてだけでなく、投資家として活躍するようになるのである。このため、ある地域や業界でこうした有力ベンチャー企業が誕生すると、派生的な効果が生まれる。それぞれの地域にキーパーソン同士の信頼関係が生まれ、密度の高い情報交換が行われることで、ある種のネットワークが作り出されるともいえるだろう。

こうした支援の仕組みが広がっていること、そして何よりも各国政府が起業を促進していることもあり、新興国全般で、起業に必要なコストは低下を続けている。世界銀行が実施するビジネス環境調査は、各国における創業手続き、建設許可、金融アクセス、契約の履行といった事業環境を評価したものだ。そのなかで起業にかかるコストを見ると、高所得国では２００４年時点で１人当たりＧＤＰの11・8％かかったものが、２０２０年には3・8％まで低下した。これに対して中・低所得国では２００４年時点の平均で、１人当たりＧＤＰの１４１％ものコストがかかっていたが、２０２０年には25％へと低下した。

インド工科大学デリー校のベンチャー企業

こうしたベンチャー育成の観点から、大きな役割を期待されるのが大学である。特に工学系の学科の学生の活躍が期待されている。インド工科大学デリー校の学内にあるベンチャー企業育成機関（「イノベーション・技術移転拠点」）に入居している会社を紹介しよう。

ビザラ（Vizara）は、インド国内の文化財を３Ｄデータ化する業務を請け負うベンチャー企業である（写真2-4）。文化財の保護のために国際連合教育科学文化機関（ユネスコ）が

写真2-4　インド工科大学デリー校のアクセラレーター施設内（2019年9月、筆者撮影）

三次元スキャンした遺跡のデータをもとに、3Dモデルを作るのがこの企業の業務である。3Dデータ化されれば、3Dプリンターによる印刷造形や、またバーチャルリアリティー（VR）を活用した博物館での体験サービスの提供も可能となる。彼らが行う業務は決して革新的なものではない。しかし、こうした遺跡の3Dモデルを作るのには細かな調整が必要で、なおかつ文化遺産の棄損した部分をデジタルデータ上で復元する際には、現地の遺跡・建築への理解も欠かせない。

また通信事業が第三者の企業に向けて自社のサービスを公開する動きも広がっている。一般にAPI（アプリケーション・プログラミング・インターフェース）と呼ばれるソフトウェア上の規格に沿って、一部機能の外部利用を支援する動きである（GSMA, 2016）。これにより、例えば第三者のベンチャー企業が自らのサービス利用者に対して、通信事業者のSMSを通じて、通知を行ったり、代金の回収を行ったり、ユーザーの現在地を把握できるようになる。このため多数のユーザー数を持つ携帯電話通信事業者がAPI環境を整備することは、現地のモバイル・インターネットが新たな起業の場となるうえでの土台となる。

ベンチャー企業の育成のためのテックハブや、資金を提供するベンチャーキャピタル、大学による創業支援、加えてAPIのようなインフラを含めて、これらの一連の仕組みは、ベンチャー企業を育成するための生態系（ベンチャー・エコシステム）と呼ばれることもある。新興国でのベンチャー企業のエコシステムの広がりに注目が必要だ。

このように、デジタル技術による課題解決を考えるうえでは、小規模の新規創業企業の取り組みに着目することも大事である。下からの課題解決ともいうべき動きは新興国で広く見られている。

3　技術革新から社会革新へ

SDGsとのつながり

デジタル化によって、ますます多くの課題が現地のベンチャー企業やエンジニアによって解決され始めている。そしてプラットフォーム企業とベンチャー企業の役割は、地球規模での課題解決を考えるうえでも無視できない。

国連はミレニアム開発目標（ＭＤＧｓ）において、２０１５年までに極度の貧困と飢餓の撲滅といった課題の解決を目指してきた。２０００年代の世界的な経済成長を通じて、多くの国々で衛生環境が改善し、絶対な貧困も徐々に、しかし着実に削減されてきた。それでも、いまだに機会の平等は達成されず、環境問題も深刻化している。このような変化のもとで、より多面的な配慮のある社会を実現するために、発展途上国のみならず先進国も含めたグローバルな開発目標が必要とされた。その結果、包摂的な成長（Inclusive growth）が世界的にキーワードとなり、２０１５年に国連は新たに「持続可能な開発目標（Sustainable Development Goals, SDGs）」として、17の目標を掲げた。

持続可能で、なおかつ配慮のある社会を実現するうえで、デジタル化がポジティブな貢献をできるだろうか。ＳＤＧｓの目標のなかで、デジタル化と直結しているのは「目標9　強靭（レジリエント）なインフラ構築、包摂的かつ持続可能な産業化の促進およびイノベーションの推進を図る」のなかにおける、通信インフラの整備と生産性の改善である。より具体的には、アフリカ諸国や後発開発途上国を対象として以下のような目標が明記されている。

（目標9.a）アフリカ諸国、後発開発途上国、内陸開発途上国および小島嶼開発途上国への金融・テクノロジー・技術的支援の強化を通じて、開発途上国における持続可能かつ強靭なインフラ開発を促進させる。

（目標9.b）産業の多様化や商品の付加価値創造などに資する政策環境の確保などを通じて、開発途上国の国内における技術開発、研究およびイノベーションを支援する。

（目標9.c）後発開発途上国において情報通信技術へのアクセスを大幅に向上させ、2020年までに普遍的かつ安価なインターネット・アクセスを提供できるよう図る。

加えて、以下の二つのSDGs目標もデジタル化との関係が深いと考えられる。

（目標5）ジェンダーの平等を達成し、すべての女性と女児の能力強化を行う。

（目標8）包摂的かつ持続可能な経済成長およびすべての人々の完全かつ生産的な雇用と働きがいのある人間らしい雇用（ディーセント・ワーク）を促進する。

金融包摂と農村振興

持続可能な開発目標の観点から注目できるのは、デジタル技術を活用した包摂的なサービスの提供である。一つ目の領域は、これまで金融サービスの対象外となってきた人々にもサービスの利用を広めていく「金融包摂（ファイナンシャル・インクルージョン）」である。

これまで銀行をはじめとする金融機関のサービス対象外となってきた人々に向けて、金融サービスの範囲を広げる観点では、グラミン銀行に代表されるマイクロファイナンスが注目を集めてきた。マイクロファイナンスとは、既存の銀行が顧客としないような貧困者に向けて小口の支援を行うことで、家計の改善を支援しようとする取り組みである。すでに確認したように、近年、携帯電話、スマートフォンの普及が進むことで、銀行口座は持たないが通信会社やプラットフォーム企業にアカウントを有する人が増えた。このようにデジタル化によってマイクロファイナンスの潜在的顧客も大きく拡大している。

中国のアリババ集団の決済業務として２００３年に出発したアリペイ（２０１４年にアントフィナンシャル・サービスグループとして別会社化）の場合、一貫して個人や小店主を主要な顧客としてきた。２０１９年10月までに世界でユーザー数が12億人に達し、個人の決済に加えて、少額の融資、分割払い、保険、資産運用といった各種金融サービスを提供するようになっている。このような事例は、中小企業の創業と成長の可能性を広げることと、同時に経済全体の生産性の改善にもつながる可能性がある（ＳＤＧｓの目標８と９）。

二つ目の領域は、デジタル経済による農村・農業の振興である。農村の特産物を販売するチャンネルとして電子商取引はどの程度の可能性があるだろうか。中国では「淘宝村（タオバオ）」と呼ばれる地域が注目を集めてきた。アリババ集団の電子商取引サイト「淘宝ドットコム」の運営担当者が、販売源のデータを整理していた際に、出店者が特定の地域、それもいくつかの村に集中していることを発見したことが命名の契機といわれる。農村地域の地域振興を考えるうえで、電子商取引の拡大は新たな雇用機会を創出する可能性がある（ＳＤＧｓの目標８）。

インドの個人認証と貧困層への直接給付

デジタル化を推進するうえで、政府が個人認証をはじめとした基盤を整備する動きも活発化している。この面ではビジョナリー（先見性のあるリーダー）と政府の役割は大きい。

前述のトーマス・フリードマンが「世界がフラットである」というアイデアを得たのは、インドのソフトウェア受託開発大手、インフォシス（１９８１年創業）の共同創業者であるナンダン・ニレカニとの会話からだった。ニレカニは『インドを想像する』（未邦訳）のなかで、デジタル技術がインド社会を変える潜在力を持ちながらも、いまだにそれは達成されていないと述べていた（Nilekani, 2008）。驚くのは、そこで指摘されていた「行政手続きのたびに、異なるＩＤが発行される」という課題が、この書籍の刊行後の10年間で解決されつつあることだ。

インド政府はナレンドラ・モディ政権誕生以後に「デジタル・インディア（Digital India）」プロジェクトを始動した。デジタル・インディアは２０１５年に始動し、①個人生体認証Ｉ

Ｄの発行と証明書発行の電子化、②政府調達の透明化とＩＴ化、③初等中等教育向けの遠隔教育サイトの整備（学生向けと教師向けを含む）、④農業関連情報の透明化と発信（地区別の土壌情報、農作物価格情報の発信）、⑤Ｅガバメント（パブリックコメントサイトの整備等）を主要な柱としている（日本貿易振興機構２０１９）。

インドのデジタル化の中心を担うのが生体認証ＩＤの発行と決済プラットフォームの構築である。モディ政権成立以前から整備されはじめていたが、近年、急速に普及している。インドの生体認証ＩＤ「アダール／アドハー」（Aadhaar）の実績は、ウェブサイトでリアルタイムに提示されている。それによれば、２０１９年12月時点で12億５０００万人以上が登録済みで、成人の95％がアダールＩＤを保有しているという調査結果もある（Totapally, et al, 2019）。政府がデジタルＩＤを作る理由がインドの状況を反映している。インド連邦政府・電子情報技術省（MeitY: Ministry of Electronics and Information Technology）での聞き取りによれば、現地で特に重視されたのは貧困層への補助金の直接給付（Direct Benefit Transfer）の必要性であった。インドでは生活保護をはじめとする様々な社会保障の補助金が、それを必要とする人々に届く前に中抜きされているという問題があった。これを指紋、顔写真、虹彩を含む生体認証によって、確実に本人に届けるという狙いである。さらに国境地域の居住民の把握、そして銀行の幽霊口座（Ghost Account）や存在しない学生への奨学金給付といった問題への

写真2－5　インド連邦政府の「アダール」のポスター（2019年9月、デリーにて筆者撮影）

対処にも活用されている（写真2－5）。

インターネット経由で金融機関、通信事業者をはじめとするビジネスを展開する際、課題となるのは本人確認である。友人知人とメッセージをやりとりするSNSであれば、ユーザーがつけたニックネームで問題ない。しかし個人の支払い能力の確認や、政府の公的証明書の発行や確認をするためには、そして社会保障給付金を支払う際には書類上記入されている本人かどうかを確認することが必要不可欠である。アダール認証では公的な個人の記述情報と生体情報をオープンなアプリケーション接続システム（API）を通じてデータベース側に送ると、本人かどうかが「YES or NO」で出力される仕組みである。これによって個人認証の作業をオンライン、即時、ペーパーレスで行うことが可能となり、多くの業者がサービスを展開するうえでの土台となっている。個人認証以外にも電子署名、補助金・社会保障給付金の受け取り、携帯電話を用いた銀行振り込みにまで用途は広がっている。

こうしたインドの電子個人認証の制度設計もまた当初から完成されていたものではない。プライバシーの問題が最高裁判所で2013年から2018年まで断続的に争われながら、それに対応してシステムと制度を改善していく「走りながらの改善」というアプローチがあった（岩崎2019）。政策の実行部隊となったのはインド連邦政府の固有識別番号庁（Unique Identification Authority of India）や電子情報技術省である。前述のニレカニは2009年6月にインフォシスの共同会長を辞任して固有識別番号庁の初代長官を務めたほか、電子個人認証のシステムの開発には、グーグル出身者をはじめ、シリコンバレーで長年活躍したインド人企業家とエンジニアが関わっており、こうした世界の最先端のサービス開発を行う人材とのつながりが、インドのデジタル化の一つの特徴だろう。工業化の時代には、工業化を推進するための官僚機構が設置された。そしてデジタル化の時代には、デジタル化のための官僚機構が新興国でも立ち上げられている。

ミス・ギーク・アフリカ賞

デジタル経済の広がりは、女性の企業家とエンジニアの活躍につながることも期待されている（前述のSDGsの目標5）。現状からいえば、インターネット関連業界でエンジニアと

図表2-5　ミス・ギーク・アフリカの受賞者（2016年まではルワンダのみ）

年	グランプリ受賞者	受賞理由
2014	Nancy Sibo（ルワンダ共和国）	牛の妊娠と搾乳をモニタリングするアプリケーションの開発
2015	Vanessa Mutesi（ルワンダ共和国）	オンライン学習アプリの開発
2016	Rosine Mwiseneza（ルワンダ共和国）	土壌中の水分量を測定するアプリケーションおよび自動でスイッチが入る水門の開発
2017	Ruth Njeri Waiganjo（ケニア共和国）	携帯電話のセンサーから自動車運転手の運転レベルや安全性を評価するアプリの開発
2018	Salissou Hassane Latifa（ニジェール共和国）	事故の際に救急車が到着前に応急対応の指示を出すことができるアプリの開発
2019	Josephine Uwase Ndeze（コンゴ民主共和国）	妊婦の健康状態をモニタリングし、妊産婦の死亡を防止するIoTブレスレットの開発

出所：現地各種報道より作成

して働く女性の比率は一般に低い。例えばアメリカの「シリコンバレー」と一般に呼ばれるサンタ・クララ地区とサン・マテオ地区において、技術的職業に就く人の75％が男性で、女性は25％に過ぎない（Joint Venture Silicon Valley, 2019）。アジアのユニコーン企業においても、プログラミングをするエンジニアの大部分が男性である。

こうしたエンジニア領域でのジェンダー比率をよりバランスの取れたものとするために、本書の序章で触れたガールコードのほかにも類似の取り組みが見られる。例えばルワンダの団体が2014年から始めたミス・ギーク・ルワンダ賞は、のちにミス・ギーク・アフリカ賞へと発展している。科学・技術・工学・数学、いわゆるSTE

M（Science, Technology, Engineering, Mathematics）を活用して新たな課題解決に貢献する女性を顕彰する賞である（伊藤・高崎編２０２０）。応募資格は15歳から23歳までのアフリカ連合加盟国の女性で、過去の受賞者の受賞理由を見ると、乳牛のＩｏＴソリューションや、土壌の管理システム等、アフリカ現地のニーズに対応している点が特徴的である（図表2-5）。

２０１９年にはミス・ギーク・アフリカ賞へ15か国から２５０人の応募があり、グランプリ受賞者はコンゴ民主共和国出身のジョセフィーン・ウワセ・ンデゼであった。ＩｏＴブレスレットによって妊婦の健康状態をモニタリングし、妊産婦の死亡を防止するシステムの開発が受賞理由である。中低所得国では依然として妊産婦の死亡率（世界保健機関は妊娠期間中および出産後の42日間に死亡することと定義している）が高く、なかでもアフリカと南アジアでは深刻である。女性が直面する課題に対して、女性エンジニアだからこそ問題を認識し、その解決に向けて貢献できる領域は多い。

R&DからR&D&Dへ

コンピューター科学者の坂村健はＩｏＴを解説する著書『ＩｏＴとは何か』で「イノベーションを達成するには、単にやってみる回数を増やす以外に王道はない」と言い切る（坂村２０１６、１８１頁）。すべてのモノがインターネット接続されたら何ができるのか、という既知の正解がない領域では、試行錯誤が必要なためである。試行錯誤の回数を多数のベンチャー企業によって増やす仕組み、これこそがベンチャー企業のエコシステムの役割である。

同書の副題は「技術革新から社会革新へ」である。この言葉が重いのは、技術があってもそれが社会に導入されるとは限らない、という点を含むからである。筆者なりの解釈でいえば、基礎的な科学技術に支えられた研究開発（Research and Development, R&D）とは別に、新技術の社会への実装・導入（Deploy）というもう一つのDを進めるアプローチが必要だと整理できる。いわゆるR&DからR&D&Dへと視野を広げると、二つ目のD（実装・導入）では、新興国にも新たなサービスを発掘し育てていく可能性が十分にある。技術革新を実現するためには先端的研究機関を作り上げ、例えば世界トップレベルの大学を育てる必要があるが、これは容易ではない。その一方で、技術的には最先端ではなくても、新たな利活用の用途を切り拓く余地、すなわち社会実装先進国となる可能性はデジタルの領域で広く開かれている。インターネットと接続するIoT端末の試作と量産では、市販の低価格な開発ボード（ラズベリーパイ等）が普及し、さらに試作と量産を広く世界から受託するサービス（プロトタイピング・サービス）も、例えば中国深圳には生まれている（高須・ニコニコ技術部深圳観察会編2016）。IoTと関わる製品とサービスを試作するための環境が整っていることも、新興国での社会革新を支える土台となっている。

「アナログな基盤」の重要性

もちろんデジタル技術を活用すれば新興国が直面するすべての課題が解決するほど、話は単純ではない。課題を解決するうえでのボトルネックとなる要因もある。

すでに第1章の図表1-1で言及した世界銀行の報告書では、デジタル化がもたらしうる三つのリスク、すなわち①説明責任の欠如した情報統制、②技能教育なき自動化とそれによる不平等、③競争の欠如による独占を指摘する。そのうえで、これら三つのリスクへの対応策は、デジタル技術の外側に求められるため、「アナログな基盤」（analogue foundation）と呼んで、その補完的役割の重要性を指摘している（世界銀行2016）。例えば検索サービスの公正性の確保、技能教育の充実、そして競争当局（公正取引委員会等）によるプラットフォーム企業の行動のモニタリングが必要になる。

またデジタル技術の利活用は一足飛びに進むことが期待されがちだが、現場での丹念な取り組みとセットにならなければ課題解決につながらないことも多い。例えば水道管理の面では、無線基地局の整備のような通信インフラ以前に、村までの水道パイプが敷設されていて初めて、その先のデジタルセンサー等を活用した管理の効率化へと議論を進めることができる。またオンラインで教育環境を整備する動きも注目を集めてきたが、その限界も認識されるようになっている。ＭＯＯＣ（Massive open online course）と呼ばれる大規模なオンライン教育コンテンツを提供する取り組みは少なくない。２０１２年頃から世界のトップクラスの大学も授業をオンライン・プラットフォームに積極的に提供するようになった。しかしオンライン講座の受講生の多くが修了せず、また受講生のなかで新興国・途上国の学生はごくわずかであったことも報告されている（Reich and Ruipérez-Valiente, 2019）。

第1章で登場したＭＩＴメディア・ラボのニコラス・ネグロポンテが構想した「子供1人に1台のノート型パソコンを」（One Laptop Per Child, OLPC）プロジェクトは、賛否両論を含めて世界的に大きな注目を集めた。同プロジェクトは１００ドル程度の安価ではあるが学習用途として十分なノート型パソコンを、発展途上国を中心に、就学年齢の子供に配布するものだった。配布自体は新たな情報アクセスの手段を提供するものだと考えられるが、一方で、一部の論者は同プロジェクトが端末の配布に力点を置くため、カリキュラムの改善、現場教師のニーズの把握、端末の補修といった細部が看過されている点を問題視した（Warschauer and Ames, 2010）。ペルーでの実験結果によると、ノート型パソコンの配布を受けた児童の学力は、配布を受けなかった児童と差がなかった（Cristia, et al, 2017）。

デジタル技術や端末はあくまでも道具であり、それをどう操作するのか、といういわゆる「デジタル・リテラシー」に加えて、彼らに必要な情報を提供し、また学生にやる気を持たせるような仕組みが必要である。この役目は現場の先生に加えて、ノート型PCを自宅で使うのであれば、保護者との意思疎通も求められる。「下からの課題解決」は最終的にそれぞれの現場の担い手との課題の共有と協働を含む工夫が必要となる。

本章では、デジタル化が新興国にもたらした新しい可能性として、プラットフォーム企業とベンチャー企業による課題解決を検討した。プラットフォーム企業は、新興国が長年にわたって直面してきた信用の問題を解決する糸口となっている。そして多数のベンチャー企業が生まれることで、より身近な課題の解決に向けて、新しい手段も開拓されることになる。このようなデジタル化による課題解決は、工業化が果たした雇用の創出と技能の熟練といった効果とは大きく異なる。一見、それぞれの課題解決は断片的に見えるが、十分な技能を持つエンジニアを国内で育成することができれば、国内で人々が直面するローカルな課題の解決にこうした人材が貢献することになる。

第3章　飛び越え型発展の論理

1　デジタル時代の「後発性の利益」

新興国から生まれるユニコーン企業

第3章ではデジタル化が新興国に与える可能性のなかでも、工業化にも通じる論点である後発性の利益、幼稚産業保護論、社会的能力を検討する。

振り返ると、2000年代までに台頭した大手IT企業はアメリカ西海岸、特にシリコンバレー地域から生まれた。インターネットの効果として、情報がほぼ世界同時に配信されるにもかかわらず、新しいビジネスモデルは長らくシリコンバレーから提案されてきた。スタンフォード大学を起点として、濃密な情報交換の場が生まれ、企業組織を超えた横のつながりが地域的に生まれたことが、シリコンバレーの持つ強みであった(今井1984、サクセニアン1995)。

インターネット業界では、創業間もないベンチャー企業に出資を行う投資機関や、出資に加えて技術上と経営上のアドバイスも提供するアクセラレーターと呼ばれる各種の機関が生まれた。その代表格であるYコンビネーターや500スタートアップといった機関は、まずはシリコンバレーのマウンテンビュー地区で立ち上がった。

しかし2010年代の半ば以降、徐々に新興国からも有力なベンチャー企業が登場し始めた。"Everyday-Everything App"(毎日使うなんでもアプリ)、これは東南アジアでタクシーの配車や宅配サービスを提供するグラブのスローガンである。グラブは決済サービスをはじめ、さらに多くの機能を備えつつある。このような地元ベンチャー企業のサービスが普及することで、タクシーの配車サービスで世界的な先駆者であったアメリカのウーバーは、東南アジア市場から撤退することになった。初期段階のビジネスのアイデアはアメリカ発だったとしても、ローカルな市場環境に適合的なサービスを構築する点では、現地のプラットフォーム企業が優位となる可能性がある。

東南アジアのタクシー配車業界では、マレーシア出身のアンソニー・タンが2012年にグラブを、インドネシア出身のナディィム・マカリムが2011年にゴジェックを創業した。

図表３−１　世界のユニコーン企業の分布（2015年、2020年）

順位	国名	主要企業	2020年5月		2015年4月	
			企業数	評価額（10億ドル）	企業数	評価額（10億ドル）
1	アメリカ	ストライプ、スペースエックス、エアビーアンドビー、エピックゲーム、ドアダッシュ	225	636.9	62	220
2	中国	バイトダンス、滴滴出行、快手、DJI、貝殻找房	121	438.5	10	75.2
3	イギリス	グローバルスイッチ、レボルト、アライバル、グリーンシル、トランスファーワイズ	24	62.2	4	5.7
4	インド	ワン97コミュニケーションズ、オヨ・ルームズ、ビジュズ、スナップディール、オラ・キャブズ	21	76.0	7	20.9
5	ドイツ	オートワン・グループ、オットー・ボック・ヘルスケア、N26、セロニス、フリックスバス	12	25.0	1	1.9
6	韓国	クーパン、クラフトン・ゲーム・ユニオン、イエロ・モバイル、ウェマケプライス、ビバ・レプブリカ	10	29.0	2	3
7	ブラジル	ヌバンク、ワイルドライフ・スタジオ、アイフード、ロッジ、クイントアンダル	7	16.3	0	0
8	イスラエル	インフィニダット、アイロンソース、ゲット、インサイテック、インフィ	7	9.1	2	2.7
9	インドネシア	ゴジェック、トコペディア、OVO、ブカラパック、トラベルカ	5	24.4	0	0
10	フランス	ブラブラカー、ディーザー、ドクトリブ、OVH、ミィーロ	5	6.0	0	0
—	その他		34	62.0	11	25.6
総計			471	1385.3	99	354.9
非OECD諸国合計			166	583.1	20	100.2
非OECD諸国比率			35.2%	42.1%	20.2%	28.2%

注：非OECD諸国を網掛けで示した
出所：CB Insight ユニコーン企業リスト（2020年５月26日版）およびKPMG&CB Insight（2015）より作成

今日では、両社は東南アジア地域のシェアリング・エコノミーとデジタル経済を牽引する有力企業となっている。両社の創業者はいずれもハーバード大学経営大学院を修了した経歴を持ち、グローバルな起業エコシステムから育まれた。同時に、両社が提供するサービスは、二輪バイクのタクシーをモバイル・インターネット時代の新しいインフラと位置づけるような、新たな技術を泥臭いローカルな条件に融合させたサービスだった。

第2章で触れた通り、ベンチャー企業は、出資を受けることで成長を加速させていく。なかでも、未上場にもかかわらず推定される企業価値が10億ドルを超えるユニコーン企業は、2015年頃から多数生まれるようになってきた。その時点では圧倒的にアメリカに集中していた。当初確認された99社のうち62社はアメリカ企業であった（図表3-1）。その後、世界的なベンチャー投資の過熱も相まって、2020年までにユニコーン企業数は471社にまで増加し、とりわけ新興国で急増した。2015年4月時点では、OECD加盟国にユニコーン企業の約8割が集中し、その他の国々（非OECD諸国）の比率は20・2%にとどまっていた。それが2020年までに35・2%に増え、企業数は20社から166社にまで増えた。なかでも中国の増加は著しかったが、インド、ブラジル、インドネシアといった人口大国からも複数のユニコーン企業が誕生した。デジタル経済のネットワーク外部性という特性が、人口大国で遺憾なく発揮されている。

タイムマシン経営とイノベーション

インターネット業界にはタイムマシン経営という言葉がある。ソフトバンク創業者の孫正義(そんまさよし)は1999年1月にデジタル・コンテンツの配信会社ブロードド・キャスト・コムを設立する際に「米国で成功している新事業をタイミングをみて国内に展開するタイムマシン経営を展開する」と述べている（『日本工業新聞』1999年1月26日）。デジタル経済ではシリコンバレー地域で先進的なサービスが開発され、それが世界に広まるパターンが見られた。

今日でも、新興国のベンチャー企業に目を向けると、「○○国のアマゾン」「○○版のウーバー」と呼ばれるような企業は少なくない。アフリカの電子商取引の旗手となり、2019年4月にアフリカのベンチャー企業として初めてニューヨーク証券取引所に上場したジュミアは「アフリカのアマゾン」と呼ばれ、ナイジェリアのKobo360は「トラック版ウーバー！」と呼ばれる。

今日では世界的なIT企業と認識されている中国のアリババ、テンセントですら、その当初のビジネスのアイデア自体はアメリカで先行した電子商取引とメッセージ機能であった。検索サイトの百度（バイドゥ）は先行した米国ヤフーの、そしてソーシャルメディアのウェイボーはツイッターの後追いによって成立してきた。このように中国のインターネット業界では2000年代にシリコンバレーモデルを模倣した企業が群出したが、その模倣スピードは素早く、「超高速タイムマシン経営」と呼ばれるほどである（山谷2015）。

こうした模倣と経営モデルの導入を通じて、後発の国や企業が先行する国や企業に急速に追いつく傾向があることは、かねて指摘されてきた。その有力な一つの仮説が、第1章でも触れた経済史家アレクサンダー・ガーシェンクロンによる「後発性の利益」説である。後発国は先発国で確立した技術や経営方式を導入できるがゆえに、より急速に事業を成長させ、先発国を追いかけることができる、というものだ。「タイムマシン経営」という言葉はこのことをインターネット業界に適用したものだといえる。

ではどのような環境のもとなら、後から追いかけるものが、先行者を追い抜くことができるのであろう。この問題を考えるうえで、経済に新たな変化をもたらす存在としての企業家に注目し、その役割として「新結合」を概念化したヨーゼフ・シュンペーターの次の言葉は含蓄に富む。「鉄道を建設したものは一般に駅馬車の持主ではなかった」（シュンペーター1977、184頁）。つまり前世代の技術と経営によって成功した者は、新たな技術や機会に注目しない。この現象を、イノベーション研究の領域では、クレイトン・クリステンセンが「イノベーションのジレンマ」と表現した。ある事業で成功した企業は、その成功ゆえに、新興の技術や事業への投資を行わず、やがて追い抜かれてしまう（クリステンセン2000）。

前世代のインフラへの投資がないために、むしろ次世代技術への投資が進んだ事例としては、新興国で固定電話を飛び越えて携帯電話が普及したことが挙げられるだろう。デジタル経済の領域でも同様に、後発的であるがゆえにいわゆる「レガシー資産」がなく、最先端のシステムを導入して一気に更新できるという点が注目されている。反対に、日本のような先進国でデジタル化対応が遅れる可能性も問題視されている（経済産業省デジタルトランスフォーメーションに向けた研究会2018）。

近年の例でいえば、紙幣の偽札やマネーロンダリングの問題があったからこそ、中国ではキャッシュレス決済が普及した、という解釈はよく聞かれる。インドにおける高額紙幣の廃止と電子化の推進も似たロジックだといえる。銀行口座がなくても通信会社のアカウントが事実上、個人の決済口座となるモバイル決済の事例も、後発性が新たな技術の導入の誘因となることを示している。

スーパーアプリの誕生

「後発性の利益」を活用して、先行企業を「追いかける」（キャッチアップする）ことと、ある領域で「飛び越す」（リープフロッグする）ことは、密接に関わっていながらも、質的に異なる論点である。キャッシュレス化やシェアリング・エコノミーの普及では、一部、新興国のほうが導入のスピードが速く、先進国を「追い越す」ような動きも見られる。こうした動きの中心にあるのが、先進国にも存在してこなかった統合的なスマートフォンアプリケーション、いわゆる「スーパーアプリ」の存在である。

スーパーアプリに明確な定義はないが、数億人以上のユーザー数を有し、特定のサービスのみならず、様々なサービスへと縦横無尽に誘導する「ユーザーの導線」として機能し、さらに他の事業者がサービスを提供する土台となるようなアプリケーションである（第4章で言及するミドルウェア的性格をもつものともいえる）。デスクトップ・パソコンからインターネットを閲覧する時代には、ヤフーのようなポータルサイトがユーザーにとっての入り口となってきた。それに対して、モバイル・インターネットの時代には、特定のサイトではなく、スマートフォン上のアプリケーションの間で、ユーザーの獲得と囲い込みをめぐる競争が生じてきた。その結果生まれてきたのが、一部の新興国プラットフォーム企業が作り上げたスーパーアプリである。

典型は中国のテンセント・ホールディングスの微信（ウィーチャット）、アリババ集団の支付宝（アリペイ）、そして本章の冒頭で言及した東南アジアのゴジェックやグラブ、インドのPaytm（ペイティーエム）といったアジア発のアプリケーションである。

ウィーチャットの事例からスーパーアプリのサービス体系を紹介しておこう。ウィーチャットの中心的機能はメッセージのやりとりである。他のユーザーとの間でメッセージ、写真、動画、その他ファイルの送受信ができる。日本で普及しているアプリでいえば、ＬＩＮＥに近い。２０１８年時点で、月に１回は利用しているユーザー（いわゆる月間アクティブユーザー、Monthly Active Users、ＭＡＵ）は10億８２５０万人に達する。

中国のユーザーは、テンセントがウィーチャットに先だって提供してきたデスクトップ・パソコン向けのメッセージソフト「ＱＱ」の時代から、仕事でこうしたツールを利用してきた。２０００年代後半には中国で商店主等から名刺をもらうと、電話番号のほかに「ＱＱ」のアカウントＩＤが記載されていることがよくあった。このため、スマートフォン・アプリのウィーチャットにおいても、中国ではこれを仕事のツールとして利用し、仕事で出会った人とアカウントＩＤを交換する。交換のためにはＩＤの検索に加えて、ここでもＱＲコードが頻繁に利用されてきた。公私ともに活用するために、ウィーチャットユーザーが登録する連絡帳は膨大なものとなり、企業家や政治家の場合には３０００人に達するようなケースもある。

もう一つ注目すべきなのは、中国ではグループチャット（３名以上のユーザーが一つの会話をするチャンネル）が大量に立ち上がることだ。筆者が参加しているものでは、例えばウィーチャット上で、中国深圳市の電子街・華強北について英語で意見交換するグループチャットがある。このチャンネルには2018年末時点で227名が参加しており、主に同市で開催されるイベント情報が交換される。コンファレンスや展示会等で出会った初対面の人々との間で「○○展示会参加メンバー」といったチャンネルが立ち上げられることもある。中国人は血縁、地縁、業種縁、同窓の縁といった多様な人脈を複合的に作り上げることで、様々な情報を収集し、リスクを回避しようとするといわれる。その重層的な「社交の輪」のデジタル版といえばわかりやすいだろう。

ウィーチャットはこうした濃密なコミュニケーションの場となっているのに加えて、決済機能が追加されたことで機能が飛躍的に拡張された。金融資産の運用、タクシーの配車、飛行機・新幹線・映画のチケットの予約購入、募金活動、公共料金の支払いまでが可能になることで、生活上の様々なニーズへの対応が進んでいる。ミニアプリという機能を使えば、様々な会社や政府機関がウィーチャット上でサービスを提供できる。例えば広東（カントン）省では、省政府の公式サービス「粤省事（ユエシェンシー）」を通じて、運転免許証、医療保険証、身分証、社会保障証がウィーチャットから表示できるほか、行政手続きの電子化も進んでいる。言うなれば、スーパーアプリはもはや社会インフラの一部となりつつある。

なぜこのようなスーパーアプリが誕生したのか。いまだに明らかでないことが多い。第一の要因として考えられるのは、企業家、そして細かな改良を積み重ねたエンジニアの役割である。中国では細かな改良は「微創新」、すなわち「小さなイノベーション」と呼ばれる。スーパーアプリの誕生過程を見ると、最初から設計図があったわけではなく、サービスを付け足していく試行錯誤の過程であった。テンセント創業者の馬化騰の言葉を借りれば、「小股の疾走、試行錯誤のイテレーション〔反復〕」である〔呉２０１９、１０３頁〕。言うなれば、「小さな革新」の積み重ねのなかで、未知の統合的アプリケーションが出来上がっていった。

第二に考えられるのは、新興国では、スーパーアプリが包摂していく関連サービス事業が未成熟だったことだ。そのため、単一のプラットフォーム企業が関連サービスを取り込んでいくことが容易だった。先進国においては、大手のクレジットカード会社や旅行代理店に見られるように、関連産業に有力企業が存在する。それゆえに新興企業が関連サービスを統合することが容易でなかったのかもしれない。

そして第三の要因としては、たとえ多様なサービスを包摂していくような企業が登場しても、独占につながらなかったことである。スーパーアプリは、様々なコンテンツ業者に出資したり買収したりすることで水平的に事業範囲を拡大した。しかし中国においてはアリババとテンセント、東南アジアにおいてはグラブとゴジェックに見られるように、統合的なサービスの提供者としての競争は続いている。時に、これらの企業間では、自社のサービスから他社のサービスサイトへのアクセスを制限するような動きも見られる。これはインターネット上での競争相手の排除を意味し、いわゆる「ネットワークの中立性（合法的な限り、ネットワーク接続を制限しないこと）」を大いに棄損する事態である。しかしこうしたプラットフォーム企業による囲い込みが一部生じつつも、ユーザーが複数の業者からサービスを選択する余地が確保されていれば、競争は生じ、弊害は少ない。逆にいえば、スーパーアプリが特定業者による独占的な地位の確保につながれば、ユーザーの利益は蝕（むしば）まれてしまう。

2　甦る幼稚産業保護論

輸入代替デジタル化

２０００年代に、グローバリゼーションが大洋と国境を越えて駆けめぐる様子を活写した本が刊行された。すでに第２章で触れたトーマス・フリードマンのベストセラー『フラット化する世界』である（原著初版は２００５年刊行、邦訳は２００６年刊行）。この本もまた、本書と同じく通信技術の発達が発展途上国に大きな発展の機会を提供する点に着目していた。

彼は1989年11月9日のベルリンの壁の崩壊、そして1995年8月9日のネットスケープ・コミュニケーションズ（ウェブブラウザのネットスケープの開発など）の上場に代表されるインターネット業界の台頭、ソフトウェア業界における国境を越えた外注の急増に注目した。なかでも、アメリカのソフトウェア開発がインドの受託開発企業に外注され、それがアメリカ企業の競争力を支えている様子を指摘した箇所は印象的であった。

この『フラット化する世界』の問題意識と、本書で着目する新興国のデジタル化は大いに重なっている。しかし、近年のスーパーアプリの成長過程を目にすると、国境を越えたソフトウェア開発の外注とはメカニズムが異なる。各国の国内市場がスーパーアプリのサービスの普及と進化をもたらしている点は、先進国からの外注に頼っていた時期との決定的な違いである。豊富な人口を有する母国市場に根差した、川上から川下までの連続的な新サービスの創出というメカニズムが新興国の内部で生じたのである。

ここに、新興国が有力な国内プラットフォーム企業を育成するうえで、デジタル経済の領域で国内産業を保護することが有効なのではないか、という議論が登場することになる。日本の動画サイト・ニコニコ動画を運営するドワンゴを創業した川上量生（かわかみのぶお）は次のように言う。

「中国の政策はある意味正しい。国家として当たり前のことをやっていると思う。近年、国家と「GAFA（グーグル、アップル、フェイスブック、アマゾン）」のようなグローバルプラットフォームが対立する構造はより明確になってきていて、そんな中で国家ができうることは「遮断」しかない。プラットフォーム側も、国家と衝突し、規制されることをいちばんのリスクと感じている。（中略）僕はこれまで、何度か「中国は正しい」と発言して炎上してきたが、これは倫理的に正しいとか、政策を支持するとかではなく、国家として非常に合理的な行動だと言っているのだ。実際、グーグルやアマゾンに対抗できるプラットフォームを持てたのは中国だけ。産業政策として正しかったと言わざるをえない」（東洋経済オンライン２０１７年8月22日）

中国のアリババやテンセントに代表される大手ＩＴ企業の成長が、中国政府の設置した「グレート・ファイアーウォール」（Great Firewall, GFW）によって可能となったという議論は影響力を持っている。事実、２０２０年現在、中国国内からは一般にグーグル、フェイスブック、ツイッターにアクセスができない。「南北問題」の時代に議論された「輸入代替工業化（Import substitution industrialization）」を念頭に置けば、「輸入代替デジタル化（Import substitution digitalization）」とも呼ぶべき戦略と解釈できる。

対称的なインドと中国の戦略

それではデジタル経済の領域において、各国の国内保護の度合いはどのような水準だろう

図表3-2　デジタルサービス貿易規制指数

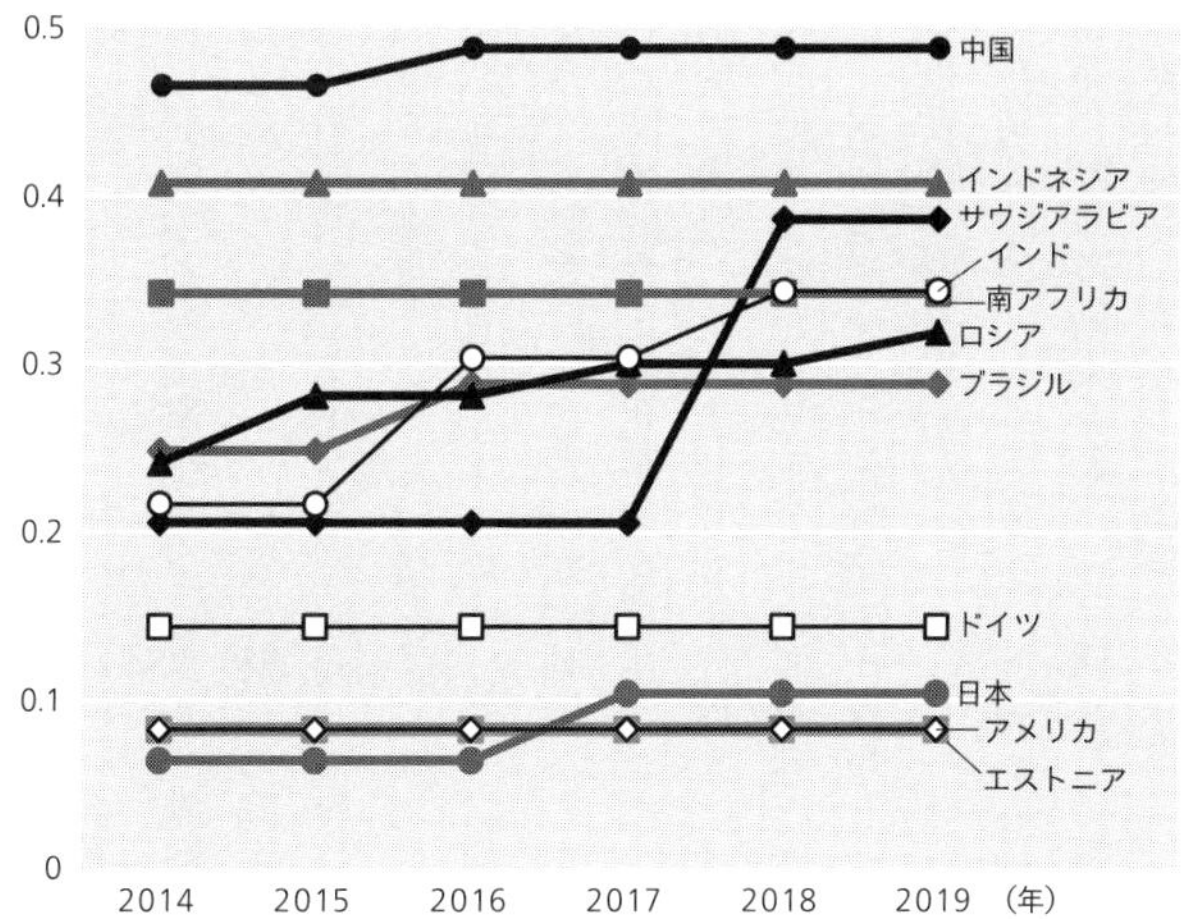

注：本指標はインフラとデータ、電子取引、支払いシステム、知的財産権、そしてその他の合計5分野について外資への規制を評価したものである。詳細はFerencz（2019）を参照

出所：OECD "Digital Services Trade Restrictiveness Index"（2020年1月31日アップデート版）

か。OECDはサービス貿易制限指標（STRI）を開発してきたが、近年、デジタルサービスに関する規制指数も発表している（図表3-2）。それによれば、BRICS5か国（ブラジル、ロシア、インド、中国、南アフリカ）のなかで、最も強い規制を採用しているのは一貫して中国である。それに対して2014年時点で最も規制が緩いのがインドであったが、その後規制が強まってきた。2018年の指数を見ると、中国が0・487、インドが0・303となっており、指数上の差は一見それほど大きくない。しかし現実には

中国ではグーグル、フェイスブック、ツイッター、ユーチューブへのアクセスができないのに対して、インドでは自由にアクセスでき、この差は大きい。

インドと中国の工業化・デジタル化戦略を比較すると、対照的なアプローチを採用してきたことに気づく。インドは貿易財への関税と投資規制を高く維持することで、工業部門では長らく閉鎖的な工業化戦略を志向してきた。一方でデジタル部門ではソフトウェア業界の外注の世界的拠点としてだけでなく、すでに触れたアメリカ企業のサービスも受け入れてきた。これに対して中国は1978年以降、経済特区設置と世界貿易機関（WTO）への加盟に踏み切り、自動車産業等を筆頭に外資への参入規制は残ってきたものの、貿易財に関してはおおむね開放的な工業化戦略を採用した。これに対してデジタル部門では事実上の閉鎖市場を段階的に構築した。1990年代以来、インドも輸入関税の引き下げに代表される対外開放政策を進めてきたため実態はより複雑だが、あえて単純化するならば、インドが「閉鎖型工業化、開放型デジタル化戦略」を採用したのに対して、中国は「開放型工業化、閉鎖型デジタル化戦略」を採用した。

製造業部門では対外開放が、外国からの直接投資を集め、さらに技術や経営ノウハウの移転を通じて波及効果をもたらす望ましい戦略だと考えられてきた。工場の生産ラインでは、品質改善の取り組み（QCサークル等）に代表されるように現場の管理ノウハウがきめ細やかかつ具体的に蓄積される。それゆえに生産効率改善のためには、実地での実践と指導を軸として、多くの暗黙知の移転が必要とされてきた。

規制の意味を考えるうえで参考になるのは、サービス貿易における規制がもたらす影響である。サービス貿易とは従来の物的な財の輸出入ではなく、外国との専門的サービスの売買を輸出入として計上するものである。このなかには旅行消費や航空サービス業のほかに、金融サービス、情報サービス業、専門的な業務受託サービスが含まれており、その一部はデジタル経済とも深く関わっていると考えられる。ある推計によると、サービス貿易への外国からの参入規制を強化することは、当該国のサービスの輸出に負の影響を与える。つまり規制を強化すると、自国のサービス業の競争力を弱める可能性がある（Nordás and Rouzet, 2015）。

グレート・ファイアーウォールがなかったら

それでは「輸入代替デジタル化」戦略の実効性はどのように評価できるか。

一つ確認しておくべき点がある。中国における国外サービスへのアクセス制限、いわゆる「グレート・ファイアーウォール」が本格化するのは２０００年代半ばから２０１０年頃であったことだ。グーグルは１９９８年に創業、フェイスブックは２００４年創業である。２０００年代はまだ、これら新世代のＩＴ企業自体が生まれて間もなかった。筆者が中国北京の大学に留学していた2006年から2007年当時のルームメイトは、アメリカの大学からの留学生であった。彼は部屋から日々フェイスブックを閲覧していたがアクセス制限はなかった。

後の中国発プラットフォーマーは、「タイムマシン経営」のプロであっただけでなく、同時に中国国内市場においてアメリカ企業と競争していたことが重要だ。1998年創業のテンセント、1999年創業のアリババ、そして2000年創業の百度に代表されるように、これらの企業は2000年前後に事業を立ち上げた。その際、テンセントがメッセージソフトウェアの領域で競合したのがマイクロソフトのMSNメッセンジャー、アリババが電子商取引市場で競合したのがeBay、そして百度が競合したのはヤフーとグーグルだった。マイクロソフトのMSNメッセンジャーはビジネスマン向けの通信ツールとして中国国内でシェアが高かった。こうした企業に対して、テンセントはグループチャット機能の実装、ゲームコンテンツの充実化といった手段で、アリババは出店料を無料化し、売り手と買い手のチャット機能を充実させたほか、すでに言及したような第三者決済のアプローチを導入することで、徐々に業界内での地位を確かなものとしていった。つまり、そこには外資企業との競争があった。アリババの創業者・馬雲（ジャック・マー）は言う。「eBayは大洋で泳ぐサメ、タオバオは揚子江にいるワニ。大洋で戦えば負けるが、河で戦う限り必勝だ」。国内の利用者に適したサービスの提供で競争に勝てる、との認識だった（エリスマン2015）。

しかしデジタル経済の特性を考えると、その競争は容易に歪められることも事実だ。すでに第1章で確認したように、デジタル経済では、あるサービスに多くの顧客が集まることで、より一層顧客を集めることができる。ネットワーク外部性があるためだ。それゆえに、初期の段階でのわずかな差が、雪だるま式のフィードバック効果（循環効果）をもたらすことになる。複数の企業がいまだ勝敗がつかない戦況のなかで競争しているとき、小さな機能の追加も、そしてまたグレート・ファイアーウォールに代表されるアクセス制限も（当初それは永続的なものというよりも、検索サービスでの断続的または突発的な制限および遅延であった）、長期的には全く異なる帰着点にデジタル経済を連れて行ってしまう。

壁のなかでの革新

もう一つ確認しておきたいことは、「壁のなかでの革新」がなぜ可能となったのか、である。確かに2010年代以降、「グレート・ファイアーウォール」は、事実上の参入規制として機能してきた。同時にこの時期以降に、GAFAすら構築できていなかった、多様なサービスが統合化された「スーパーアプリ」がなぜ中国で生まれたのか。この点を考えるうえではすでに紹介したような「小さなイノベーション」を牽引したエンジニアたちの存在、そしてプラットフォーム間の競争があった。ローカルなニーズと可能性を発掘し、さらに拡張拡大して競争していくような力学と緊張関係が、2010年代の中国のインターネット業界にはあった。

同時に、中国のベンチャー企業も、そして大手IT企業も、公開されているプログラミング成果、いわゆるオープンソースを活用している。この意味で、デジタル化を考えるうえでは資金、市場、データ、プログラミング資源といった各面で国内外の開放と閉鎖の問題を考えることが必要である。プログラミングの記述（ソースコード）を共有する「オープンソース」の広がりもあり、グローバルなソフトウェア開発環境へのアクセスは新興国に開かれている。中国はオープンソースへのアクセスの面で「グレート・ファイアーウォール」を設けたことはないのである。このために、仮に国内市場への外資規制を導入したとしても、サービス開発と企業育成の面では、それほど大きな障害とならなかった可能性がある。

土台を作り、後は競争に任せるインド

もう一つの新興大国であるインドではどうか。インド市場では、外資企業の存在感が大きい。グーグルをはじめとするアメリカ企業のサイトへのアクセスも許容され、また外国からの投資についてもこれまで制限されてこなかった。例えばアメリカのアマゾンと中国のアリ

図表3-3　インド市場における米中プラットフォーマーの競争

amazon		Alibaba Group 阿里巴巴集团
bankbazaar.com Qwikcilver	金融・決済	Paytm one97
housejoy.in	オンデマンド	zomato
SHOPPERS STOP START SOMETHING NEW	電子商取引	Paytm mall snapdeal
Westland	メディア・出版	UC Web

出所：CB Insights（2018）をもとに筆者整理

ババは、インド国内での事業を拡大させており、米中の二大プラットフォームの関連企業がインドでしのぎを削っている（図表3-3）。スマートフォン・アプリの市場では地元インド企業がシェアを高めつつあるものの、その他の分野では依然として海外企業のシェアが高い状況にある。

　外国企業のシェアの高さを背景に、デジタルサービス貿易規制指数（図表3-2参照）にも示されているように、近年インド政府は規制を強化している。インド連邦政府の商務省は、電子商取引事業のなかでも米国アマゾンが実質的に採用してきた「在庫型事業」は中小店舗への負の影響が大きいとし、規制をはっきりと打ち出している。在庫型の電子商取引とは、プラットフォーム企業が自ら大きな倉庫を持ち、そこから彼らの在庫商品を発送する形態である。一方で、インド政府は中小店舗がオンラインプラットフォームに出店する、いわゆるマーケットプレイス型には寛容的である。日本でいえば楽天市場がこの類型にあたる。インドでは外国直接投資の規制として、外資企業による在庫型電子商取引業への参入を禁じてきた。そこで問題となったのが、アマゾン関連会社を一店舗として出店させる手法だった（日本貿易振興機構2019）。

後述するような電子個人認証と決済プラットフォームの設計のように、インド政府は土台を作るものの、その後は海外プラットフォームも含めて国内で競争してもらうという発想を持っている。そのうえでインド政府は海外プラットフォーム企業を念頭に、インド国内でのデジタルサービスへの課税を準備するしたたかさを見せている。2018年に所得税法を改正し、「重要な経済的存在（Significant Economic Presence）」との概念を導入することで、インド国内に物理的拠点や代理人が存在しなくても課税できるようになった（上田2020）。デジタルサービスへの課税をめぐって、新興国に同様の動きが広がっていくか注目される。

このように見ると、新興国のデジタル経済をめぐる閉鎖と開放の問題を、プラットフォーム企業の国産化に直結させて議論するよりも、それぞれの国の内部における競争と規制の状況や、ローカルな需要への対応状況に着目したほうが建設的であるように思われる。中国とインド、そしてインドネシアのような人口大国では、国内市場のみでも多数のユーザー数を確保できるため、封鎖しても一定のネットワーク外部性が生じることは確かである。ここでデジタル時代の幼稚産業保護論、すなわち「輸入代替デジタル化」戦略を採用する誘惑は大きい。しかし輸入代替工業化戦略が国際市場で競争できない大企業を生み出したという経験を思いだすことも必要だ。国外サービスを制限する「輸入代替デジタル化」戦略の採用は、決して有力で先駆的なプラットフォーム企業の誕生を約束しない。それが非クリエイティブで時代遅れな独占企業の登場を招きかねないことには注意が必要だ。

3　再び問われる社会的能力

規制のサンドボックス制度

新興国および開発の文脈に位置づけて、デジタル化時代の産業政策を考える作業は未開拓かもしれない。自国内でデジタル関連サービスを普及させるためには、輸入制限にあたるような政策的措置だけでは限界がある。それでは、どのようなアプローチで、新たな技術とサービスを社会に導入・定着させることができるだろうか。工業化の時代には、変化を牽引する経営者、現場の技術者、そして政策担当者の役割が、「工業化の社会的能力」と呼ばれた。

それではデジタル化の時代には、どのような取り組みが求められているだろうか。

近年、金融業界で新技術を活用するいわゆるフィンテックの領域を中心として、新たなサービスの普及のために、時限的あるいは地域的に規制を緩和して実験を行う制度が注目を集めている。発生するリスクを見極めながら、新サービスの有効性を測る「規制のサンドボックス制度」(Regulatory sandbox)と呼ばれる政策アプローチである。2015年以降、欧州を中心に先行し、日本でも2018年から企業レベルでの規制緩和措置が試験的に実施されている。中国でもフィンテック領域での応用が議論され、「中国版のサンドボックス制度」の導入も近いと報道されている。

『ワイアード』誌は2019年に、「ナラティヴと実装」特集を組んだ。そのなかで、ベンチャーキャピタリストであり、また『規制をハッキングせよ　スタートアップのための作戦帳』(未邦訳)の著者エヴァン・バーフィールドは、アメリカのベンチャー業界を念頭に、規制を無視して「破る」のではなく、当局とも協調しながら乗り越える、つまり「ハッキング」することの重要性を説く。なかでも強調されるのは、規制当局からの支持を得るために、新たなサービスが公益に資するという「ナラティブ(物語)」を語ることの重要性である。例えば電気自動車会社テスラのCEOであるイーロン・マスクの発言「テスラは、社会の石油への依存度を下げるために存在する」がその代表だ(*WIRED* 2019, Vol. 34)。

鄧小平のナラティブ

中国の過去40年の経験を見てみると、サンドボックス制度の概念や「ナラティブ」が、期せずして全く別の系譜で存在している。経済特区の設置に代表されるような試験的政策が、過去40年の「改革開放」の時代に一貫して大きな役割を果たしてきた。試験的政策は、中国語では「試点」と呼ばれる。1978年以降の市場経済化の流れのなかで、改革のスタート地点である計画経済には外国企業も土地売買も存在しなかったため、外資企業の認可や土地使用権の売買に代表されるような市場経済の制度を段階的に導入してきた。このために「法律はまだ明文化されていないが、改革の方向性に適合しているので取り締まり対象とならない」というグレーゾーンが断続的に発生する状況が続いた。

政府もそれを前提に「地方での実験」「リスクの評価と制度の再設計」そして「全国への普及」というアプローチを採用してきた。1978年の市場化改革の模索の段階では、民営企業の立場自体が法律的に明確でなく、この状況では「この地域では地元政府が自営業者を取り締まらない」ということ自体が、実験的な規制緩和を意味していた。

また制度派経済学では、明確な財産権が確保されていない状況下では経済発展が起きないと考えられてきた。それに対して、中国では制度的には不明瞭でも、「市場化改革という大方針に合致していれば企業活動は認められる」という共通了解があった。こうしたグレーゾーンでの民営企業の活動を正当化する「ナラティブ（物語）」は、改革開放をリードした鄧小平の言葉である「発展こそが根本的道理（発展才是硬道理）」だった。イノベーション都市・深圳市には鄧小平の銅像がいまも立つ。大胆にいえば、この都市はスティーブ・ジョブズのスピーチ、「ハングリーであれ、愚か者であれ」を必要としなかった。代わりの言葉があったからだ（もちろん、それでもジョブスの言葉は深圳市にあふれているが）。

中国の「やってみなはれ」

中国政治の研究者であるセバスチャン・ハイルマンは、『レッド・スワン　いかに非主流的な政策立案が中国の台頭をもたらしたか』（未邦訳）で、中央政府と地方政府の試行錯誤と試験的政策の役割に注目している（Heilmann, 2018）。彼は地方で試験的な取り組みがゲリラのように試される様子を念頭に、中国政府の政策立案パターンを「ゲリラ式政策立案」と呼ぶ。鄧小平の「川底の石を触りながら川を渡る」（川の手前が計画経済、向こう側が市場経済を意味する）も似た概念で、政策当局者の試行錯誤の様子を伝える言葉である。経済特区の設置といった上からの政策にとどまらず、１９７０年代までの計画経済のなかで作られた集団農業の解体も、民営企業の自動車産業への参入も、つねにその時点では法的にグレーゾーンであった。しかし経済合理性のある限りにおいて、つまり「発展」に寄与する限り、寛容に対処されてきた。総じてこれらの過去の逸話は、中国が先進国へと追いつく、すなわち「キャッチアップ」のために活用されてきたアプローチだった。

2014年以降、中国ではベンチャー企業の創業ブームが訪れ、シェアリング・エコノミーと第三者決済の普及を筆頭に、既存の規制のグレーゾーンの領域でプラットフォーム企業とベンチャー企業が新ビジネスを形作ってきた。グレーゾーンをかすめる民営企業の行動原理は変わらないが、その行動の目指すところが先進国への「キャッチアップ」の領域から徐々に脱し、未知のサービスの試行と定着という「イノベーション」と「社会実装」の領域に到達したのである。

無論、こうした試行錯誤のアプローチゆえに様々な問題も生じた。中国語で「先放後管」（まずやらせて後で引き締める）とも表現される方法がとられた結果、フィンテック領域では貸し倒れ問題が発生し、そしてシェアリング・エコノミーの領域では自転車の貸し出しサービス（シェアサイクル）の急成長と破綻によって街角や郊外に自転車が散乱したことも記憶に新しい。目下、中国政府はフィンテック領域でサンドボックス制度の運用を検討しているとされ、世界銀行と中国政府の共同報告書『革新的中国　成長の新たな原動力』においても産業育成とリスク管理のバランスを取ることの重要性を指摘している（World Bank and

Developing Research Center, China, 2019)。しかしルールが確定されていない領域で繰り広げられてきた中国民営企業の積極果敢な参入という系譜は、決して2010年代に始まった話ではない。新ビジネスの急速な登場の背後には、中国経済におけるグレーゾーンの断続的な発生があった。

小国のデジタル戦略

それでは国内人口が少ない小国は、ネットワーク外部性が強く働くデジタル経済では成功できないのであろうか。エストニア共和国やルワンダ共和国の事例に目を向けると、小国においても先駆的な取り組みを規制緩和を通じて先駆的なデジタル社会を作れることがわかる。

旧ソビエト連邦から1991年に独立を回復したエストニアは、人口132・9万人の小国である。近年では義務教育の学習水準調査で上位に入るなど、人的資源を重視しているほかに、2005年から早くもインターネット投票を導入するなど、政府のEガバメント対応が進んでいる。一連のデジタル化の基盤となっているのが2002年に発行された電子身分証明書（eIDカード）である。以前から割り振られていた国民ID番号の電子情報を内蔵するカードで、電子署名、投票、税金納付および還付等に活用されている（ラウル・前田2017）。この結果、「小さな発展途上国ないし体制移行国でさえ、スマートで包括的なデジタル開発戦略を実施することによって、インターネットが提供してくれる好機をつかみ取ることができる」（世界銀行２０１６、２６２頁）との評価を得ている。

アフリカのルワンダでは、起業のための積極的な規制緩和が進んできた。人口約１２３０万人と、国内市場規模は小さいものの、ルワンダ政府は首都キガリをイノベーションシティーとする構想を立ち上げている。またアフリカ最大のICT分野の会議「トランスフォーム・アフリカ・サミット」を開催し、第2章で触れたミス・ギーク・アフリカ賞もこのイベントと連携している。アフリカでデジタル化が進んでいる国々のなかでも、①国内市場を土壌としたベンチャーエコシステムを強みとする国（ナイジェリア、エジプト、ケニア）、②教育水準と技術力を強みとする国（南アフリカ、チュニジア）、そして③政府による積極的な規制緩和と支援を強みとする国（ルワンダ）に類型化することができ、このなかでルワンダはビジネス環境の整備に特に力を入れている（伊藤・高崎編２０２０）。

図表3-4は、６つの指標で世界の国別ランキングで順位づけしたものを、６つの新興国について示したものである。経済規模の指標として国内総生産（GDP）とインターネットユーザー数を、起業環境の指標として世界銀行のビジネス環境指数（起業登記にかかる手続き、工事認可手続き、金融アクセス等をもとに各国の創業と企業運営環境を評価した指数）と金融機関またはモバイル・マネーを保有する人口比率を、そして発展水準の指標として輸出に占める

図表3-4　主要新興国のベンチャー環境のグローバル順位（2017年）

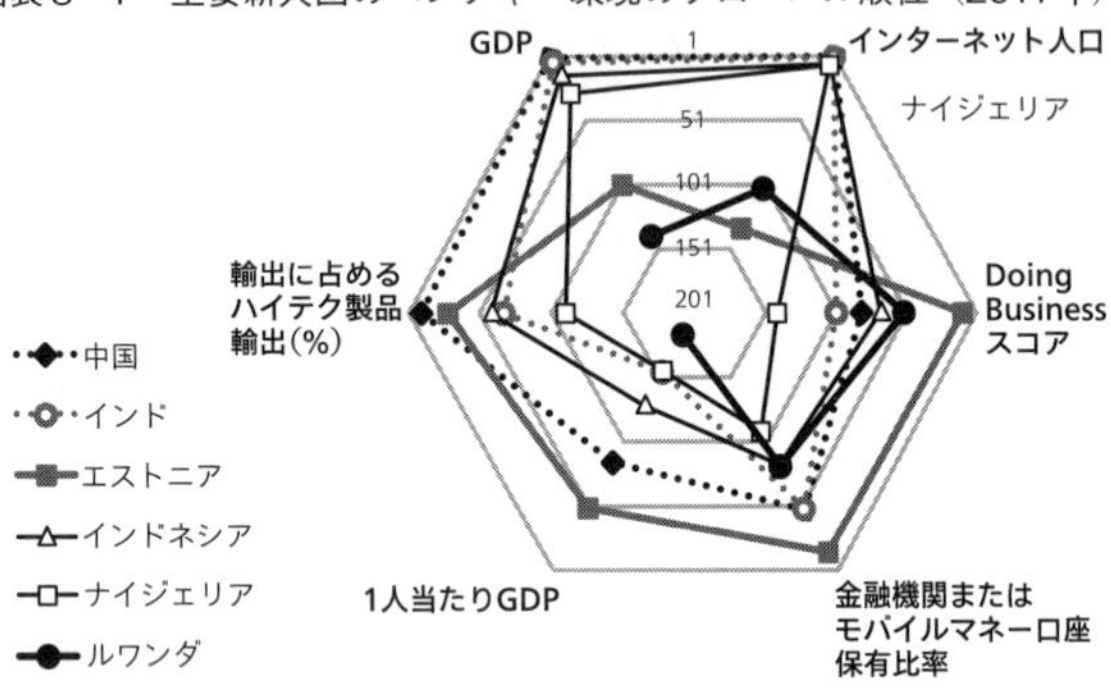

注：2017年データを用いて世界各国で上位から順位付けした順位を表す。ルワンダのハイテク製品輸出比率はデータが得られなかった
出所：伊藤・高崎編（2020）より。元データは世界銀行「世界開発指標」より作成

ハイテク製品比率と1人当たりのGDPを用いた。

結果を見ると、エストニアは、ビジネス環境指数と金融・モバイル・マネー口座比率で見た場合の創業環境が優れている一方で、国内市場は小さい。ルワンダは、1人当たりのGDPが低いものの、ビジネス環境指数に見られるように起業環境が優れたものとなっている。それに対して中国とインド、そしてインドネシアといった人口大国は、膨大なインターネットユーザ一数を誇るものの、ビジネス環境指数は上位には入っていない。

このように小国でも、国内の創業環境を整備することで、特徴あるデジタル経済を作り上げることができるかもしれない。一方で、人口大国はその潜在力をより一層発揮させるために、創業環境を整備することが求められる。

新興国からの逆輸入と横展開

スーパーアプリの誕生が示すように、新興国はデジタル化の潜在的可能性を発掘している。またユニコーン企業の数からも、それぞれの国のベンチャー業界の活発さを窺い知ることができる。ユニコーン企業数ではアメリカと中国が突出しているが、日本よりもインド、インドネシアのほうが、輩出数が多い（ただし日本の場合、ＪＡＳＤＡＱ、マザーズ等の新興企業向け株式市場への上場が容易なために、ユニコーンの基準を満たす企業が少ないという理由もある）。

日本では、これらの新興国の事例を学習の対象とするような動きも見られる。メルカリのモバイル決済事業を牽引した松本龍祐はインドネシアのゴジェックの完成されたサービス体系に刺激を受けたこと、そして同社の青柳直樹と山田進太郎は上海を視察し、テンセントのウィーチャットペイとアリババのアリペイを体験し、その後のスマホ決済サービスへのインスピレーションを得たことを認めている。そしてイオンの岡田元也社長（当時）は中国の杭州市に拠点を設けて店舗自動化技術の開発を推進すると２０１９年に述べている。ソフトバンクグループのモバイル決済サービス「ペイペイ」に技術提供するのはインドのペイティーエムである。すでに一部の新興国のほうが、新たなサービスの開発と利活用で進んでいることを示す動きである。

タイムマシン経営という言葉に戻れば、かつてはシリコンバレーのみが時の流れが速く、より未来的なサービスを開発していた。しかしスーパーアプリの事例は、新興国の先進都市においても時の流れが速く、より多くの試行錯誤と新陳代謝が繰り返される状況を示している。二次元のQRコードを決済に活用するというアプローチも、中国で開拓された。QRコードは、トヨタ自動車と関係の深い自動車部品メーカー・デンソーが、1994年に工場内の部品管理のツールとして開発したものであった。その発明からおよそ二十数年の時を経て、日本に決済手段として「逆輸入」されたのである。

日本国内で、新興国を含む国外で進化するソリューションを「逆輸入」すると明言しているのがソフトバンクの孫正義社長である。タクシー配車サービスの滴滴出行(ディディチューシン)(中国)、格安ホテル予約サービスのオヨ・ルームズ(インド)、コワーキングスペースのウィーワーク(アメリカ)といったユニコーン企業へ桁違いの出資を行い、日本への導入を目指してきた。

2019年以来、こうしたユニコーン企業への市場の評価は厳しくなっている。投資を実行してきたソフトバンク・ビジョンファンドは、2020年3月期の決算で約1・9兆円という巨額の赤字を計上した。新興企業の成長性を見極めることの難しさを示しているだろう。しかし考えるべき論点は変わらない。新興国のほうがデジタルサービスで先を行っているとすれば、それはなぜか。そして日本企業は一体どうすればよいのか。

アリババに代表される中国企業は、他の新興国市場を開拓しており、自社での事業展開に加えて現地の有力ベンチャーにも積極的に投資している。アリババの関連会社のアント・ファイナンシャルは、インドと東南アジアに積極的に投資しており、なかでもインドのペイティーエムは現地で有力な決済企業となっている。

新興国プラットフォーム企業の「横展開」の事例を観察すると、近隣諸国への伝播(でんぱ)と展開が目立つ。例えばグラブやゴジェックは、東南アジア市場を開拓し（写真3-1）、アリババやテンセントといった中国企業も中国本土から東南アジアへと進出しつつある。またアフリカでは、M-PESAや、すでに紹介したジュモといった企業も、アフリカ市場を立脚点として拡張しつつある。

写真3-1　ベトナム・ハノイで広まるマレーシア発グラブ（2019年8月、筆者撮影）

工業化の時代には、物的財の貿易コストの存在ゆえに、地域的な生産ネットワークが形成されてきた。デジタル経済では光ファイバーを通じて瞬時に情報をやりとりできるために、距離の役割は弱まっていると考えがちである。しかしこうした「横展開」から示唆されるのは、むしろ地域的なプラットフォーム企業が近隣地域へと浸透する動きである。これはデジタルなビットが瞬時に移動するのに対して、企業家や人材のネットワークは依然として空間に紐(ひも)づけられ、地域的な粘着性を持つためだろう。この意味で、デジタル化の時代においても物理的な距離が果たす役割は依然として無視できない。日本からシンガポールへは飛行機で7時間で移動できるが、ケープタウンまでは20時間以上を要する。かつて「南」や「第三世界」と呼ばれてきた地域で、先駆的なサービスが広がる動きは今後も続くだろう。

新興国という巨大な実験場

デジタル化が新興国にもたらす可能性を、第2章では課題解決に引き付けて論じ、第3章では「飛び越え」型の発展パターンのメカニズムとその条件について考察してきた。

デジタル経済が持つ特性ゆえに生まれたプラットフォーム企業は、未知の売り手と買い手をつなげることを通じて、特に情報の非対称性が大きかった新興国において、透明性と信用を創出している。また現地ならではのニーズに即した解決策を見つけるうえでも、ＩｏＴ端末は農業分野や物流分野を含めて様々な局面で活用されている。新興国のなかでも人口大国である中国とインド、そして地域として6億人の人口を有する東南アジア地域からはローカルなプラットフォーム企業が登場している。彼らが試行錯誤のなかで開発しつつあるサービスは、新興国ならではの環境に適したものであり、多くの機能を包摂する「スーパーアプリ」も誕生した。現地の政府もこうしたデジタル経済の可能性に着目し、近年では積極的にデータ経済のためのインフラ整備を進め、産業の育成を目指している。

もちろん、こうしたデジタル化は、新興国が直面するあらゆる課題を解決する万能薬ではない。第2章でも言及したように、そもそものインフラ整備や、現場の教員の質を確保した教育制度の構築など、「アナログな基盤」がなければ、デジタル化の課題解決の効果は大きく棄損されてしまう。それでも、工業化の時代には解決が困難か、あるいは後回しとせざるをえなかったような信用の問題、決済の問題、煩雑すぎる行政手続きの問題は、デジタル化によって劇的に改善しつつある。

こうしたサービスが、新興国の間で「横展開」し、さらに先進国にも「逆輸入」されつつあるのは、それだけ新興国の現場での試行錯誤の回数が多いためである。デジタル化の時代に求められる社会的な能力は様々な試行錯誤をする環境を整えることだといえる。金融面ではベンチャー投資が、制度面では起業促進が求められる。そこでは経営者や技術者、政策担当者だけでなく、サービスを利用する消費者も重要な位置を占める。デジタル化の時代にあっては、大学の研究室や大企業の研究所における研究開発に加えて、広い社会における導入と実装の現場と回数に注目する必要がある。「デジタル新興国」は巨大な実験場として機能し始めている。

第4章　新興国リスクの虚実

1　インフラでの限定的な役割

デジタル社会を支える基幹的技術とインフラ

本書の前半では新興国がデジタルの力を活用して課題を解決し、新たなサービスを育てる可能性に言及した。第4章と第5章では、デジタル化がもたらす脆弱性に目を向ける。第4章では新興国企業の追い上げの限界と労働市場への影響を検討する。そして第5章では工業化の時代に通じる問題として、権威主義体制とのつながりを検討する。

まず新興国企業の追い上げの範囲を確認するうえでは、デジタル経済をいくつかの層に分ける視点が有用だ。デジタル社会、例えばスマホとそれを使ったサービスが成り立つためには、その背後に基幹的技術とインフラが必要である。スマホに内蔵されている半導体は高度な微細化技術と設計技術によって実現しており、高速移動通信を実現する通信インフラの背後には無線、光通信技術がある。そして多くのモバイル・インターネット・サービスは大規模なクラウド・データセンターに支えられており、さらにそれらのサービスを動かすソフトウェアの背後には開発環境が必要である。加えて全地球測位システム（GPS）までが活用されることで、日々のサービスが成り立っている。

これらの基幹的技術やインフラは先進国企業によって開発され、整備されてきた。そして新興国がデジタル化を進め、飛び越え型の発展を遂げる前提でもあったのだ。逆にいえば、新興国企業から見れば、参入が難しい領域が存在する。基幹的技術とインフラ部分での先進国企業の優位性は明らかである。

一方で、第3章で確認したように、新興国の強みは最終ユーザーとの接点にある。多数の人口を抱えるからこそ、新たなサービスが育つチャンスがある。デジタル経済の「巨大な実験場」として、新興国が優位性を発揮できるのはユーザーとの接点にあり、後述するアプリケーション層に強みがあると言い換えることができる。逆にいえば、ユーザーが普段直接に触れないような裏側の世界、レストランでいえば厨房のなかでの話は別だ。

物理層、ミドルウェア層、アプリケーション層

ここでデジタル経済が成り立つための3つの階層（レイヤー）を整理しておこう（図表4-1）。同図は本来、通信ネットワークの手順についての区分であるが、ここではデジタル経済に当てはめている。

図表4-1　デジタル経済の階層概念図

アプリケーション層
- アプリケーション
- ユーザー体験

ミドルウェア層
- オペレーティングシステム（OS）
- コンポーネント（共通部品）、開発環境

物理層
- 通信ネットワーク
- 物理サーバー、記憶装置（データ）、演算処理装置

出所：OSIモデル、TCP/IPモデル、依田（2011）を参考に作成

最も基礎的な階層は「物理層」である。1990年代には、電話回線を利用してインターネットに接続することが一般的であった。そのため当時の物理層とは、例えば電話回線やデータ送受信を支える設備と手順（プロトコル）にあたる。現在では光ファイバー網、無線通信、衛星通信を利用してネットワークが成立している。

この物理ネットワークを利用して、人々は最上層にあたるアプリケーション（またはコンテンツ）を利用している。ここでは「アプリケーション層」と呼んでおこう。これらのソフトウェアを開発し、動作させ、そして通信とつなぐためには、上層と下層

をつなぐ中間的な役割、例えばOSが必要になる。下層の物理層と、上層のアプリケーション層をつなぐため、「ミドルウェア層」と呼ばれる。

スマートフォンを例にすれば、通信を実現するためには物理的な電子機器と通信設備がまず必要である（物理層）。加えてスマートフォン上では計算機能や通信機能を操作するOSが動作し（ミドルウェア層）、最終的に人々はアプリケーションを通して個別のサービスを利用することができる（アプリケーション層）。こうしてスマートフォンは携帯できるほどに小型でありながら、高度な物理層に支えられることで高速な通信と計算が可能となっている。そしてなによりもプラットフォーム企業が提供するオンライン市場から新たなソフト（アプリケーション）をダウンロードできる柔軟性を兼ね備えている点が特徴だ。

クラウド化の進展

デジタル分野での企業の攻防を回顧すると、大型のメインフレーム・コンピューターの開発に代表されるように、アプリケーションが限定されていることを前提に物理層が先行して立ち上がった。コンピューターとインターネットが一般家庭へ普及するタイミングで、OSを中心としたミドルウェア層でマイクロソフトやアップルコンピュータ（現アップル）に代表される企業が台頭した。そして2000年以降、アルファベット（グーグルの運営会社）やフェイスブックは、検索やソーシャル・ネットワーキングと広告を組み合わせるアプリケーション層で台頭した。近年ではグーグルがその典型であるように、アプリケーション層の大手企業は、ミドルウェア層、さらにその先の物理層にまで進出している。例えばグーグルは、ミドルウェア層ではアプリケーションを開発する環境（Google App Engine）やスマートフォン向けのOS（Android）を提供している。そして物理層ではネットワーク経由で記憶装置（ストレージ）や計算能力に従量課金制でアクセスするクラウド・サービス（Google Cloud）を展開し、2014年以降には海底ケーブル敷設事業にも参画している。

サービスの一例を紹介しよう。グーグルが提供するメールソフト・Gメールや文書作成ツールのグーグル・ドキュメントは、通信ネットワークを経由してサービスを利用する形態である。利用者はオンライン経由でIDとパスワードを入力してログインすることで、手元の端末にアプリケーションソフトがなくても、メールの送受信などができる。文書を作成・共有するだけであれば、事前登録も不要である。通信ネットワークの性能が向上すれば、ノートパソコンの物理的な記憶装置（ストレージ）は少容量で十分となる。オンラインでクラウド上の記憶装置にアクセスすればよいからだ。

Windows OSのノートパソコンでは、個別の端末上での処理を前提としてきたため（いわゆるローカル処理）、端末にも相応の処理能力が求められてきた。これに対してグーグルの

Chrome OS を搭載し、クラウド上での文書作成や表計算を前提とするノートPCである Chromebook の場合は発想が異なる。端末上では負荷のかかる計算をせず、ネットワークを通して接続するクラウド側で計算処理を行うことを前提に、個別の機器としての計算性能と記憶装置の容量は限定的でよいという製品設計である。

グーグルの取り組みに代表されるように、近年のデジタル経済は、個々人や個別企業が持つ端末内部でデータの保存と計算処理を行う形態から、外部で集中的に保存と計算処理を行う方法へと移行してきた。大容量の通信が普及したことで、前述のデジタル経済の各階層にネットワーク接続してサービスを利用する、いわゆるクラウド化が進んできたのだ。

クラウド市場の寡占化

基層の物理的な資源（ストレージや計算能力）にネットワークを通じてアクセスするサービスは、インフラストラクチャー・アズ・ア・サービス（IaaS）と呼ばれる。例えば現在ではインターネットを通じて、大量の写真データや動画データを保存しておくことができる。これはインターネットの先に大容量の記憶装置があり、そこに接続できるためである。

これに対して中間のミドルウェア層をネットワーク経由で提供するサービスがプラットフォーム・アズ・ア・サービス（PaaS）、そして最終的なアプリケーション／ソフトウェアまでをネットワーク経由で提供するのがソフトウェア・アズ・ア・サービス（SaaS）である。さきに紹介したグーグルのメールソフトや文書作成ツールはSaaSの典型例である。

クラウド・サービスは、特にそのインフラ部分において少数の有力企業によって牽引されている。ここでクラウド市場の規模を見ておこう。図表4-2にはクラウド・サービスの各類型の市場規模と、特に下層部分の物理層をオンラインで提供するIaaS市場における主要企業の売り上げを示した。クラウド・サービスの総市場規模は、2015年の956億ドルから2018年にはおよそ倍の1967億ドルに達した。市場規模が最も拡大したのは、Gメールやグーグル・ドキュメントと類似した、アプリケーションまでをパッケージ化したSaaS市場で、同期間に314億ドルから857億ドルにまで増加している。記憶装置や計算能力を貸し出すIaaS市場の規模は相対的に小さいが、それでも162億ドルから324億ドルへと拡大した。

注目に値するのはIaaS市場ではますます少数の有力企業に市場シェアが集中しつつあることである。アマゾンが提供するアマゾン・ウェブ・サービス（AWS）が最大のシェアを獲得しており、これにマイクロソフトのアズール、アリババのアリクラウド、そしてグーグルのグーグルクラウドが続く。IaaS市場における4社の合計シェアは2015年の48・8%から2018年には75・1%へと大幅に高まっている。

図表4－2　世界のクラウド市場規模と主要企業シェア（単位：10億ドル）

サービス分類	2015	2016	2017	2018	2019	2020	2021	2022
ソフトウェア・アズ・ア・サービス（SaaS）	31.4	48.2	60.2	85.7	99.5	116	133	151.1
プラットフォーム・アズ・ア・サービス（PaaS）	3.8	9	11.9	26.4	32.2	39.7	48.3	58
インフラストラクチャー・アズ・ア・サービス（IaaS）	16.2	25.4	30	32.4	40.3	50	61.3	74.1
その他	44.2	46.7	51.3	52.2	55.7	60.7	65.9	71.4
総市場規模	95.6	129.3	153.4	196.7	227.8	266.4	308.5	354.6

うちIaaS市場	2015	2016	2017	2018
アマゾン	6.70	9.78	12.22	15.50
マイクロソフト	0.98	1.58	3.13	5.04
アリババ	0.30	0.68	1.30	2.50
グーグル	0.25	0.50	0.82	1.31
その他	8.64	9.63	7.23	8.05
合計	16.86	22.16	24.70	32.40
4社シェア	48.8%	56.5%	70.7%	75.1%

注：2018年までは集計、2019年は推計、2020年以降は予測値。IaaS市場の企業別データにおける市場規模は、クラウド市場全体のデータのIaaSと2015年から2017年については若干の差があるが、ここではそれぞれ公表値を示した
出所：ガートナー社各年発表資料より作成

インフラ部分を貸し出す市場（IaaS）で、少数の事業者へと市場シェアが集中するのは、クラウド事業が巨大な装置産業であるためだ。最大手のAWSは、2019年の1年間に130億ドルの総設備投資を行っており、全世界に20のクラウド拠点（リージョンと呼ばれる）を展開し、さらに拠点間を海底ケーブルで接続することで、各地のコンピューティング能力を柔軟に融通してい

る。AWSの場合、アフリカでは南アフリカ・ケープタウン、南米ではブラジル・サンパウロ、インドではムンバイ、東南アジアではシンガポール、中国は北京、寧夏、香港にリージョン拠点が設置されており、新興国市場をカバーしつつある。クラウド・サービスが、様々な機能やアプリケーションへの拡張性が求められるようになるなかで、さらに利便性の面からも集中しやすい状況になった。コロナ危機のなかで世界のユーザー数が2億人を超えて注目を集めたオンライン会議ツールZoomも、AWSの顧客の一社である。

このようにデジタル経済を階層分けして見ると、新興国企業の活躍の場はおもにアプリケーション層である。インフラ部分では、中国を除くと先進国企業の存在感が圧倒的に大きい。そのために新興国企業は、基礎部分では先進国企業が提供する土台に乗りながら、市場規模が最も拡大しているアプリケーション層の市場で、成長の果実を獲得できるかが問われている。ユニコーン企業の増加に示されるように、新興国から有望なデジタル企業が登場しており（第3章の図表3-1参照）、彼らの台頭の先に、デジタル経済の基層も視野に入れた野心的な企業が生まれてくるかもしれない。中国から生まれたアリババやテンセントはクラウド事業にまで進出している。これらの企業の発展経路を再現することは容易ではないが、その道のりは開かれている。

プログラマー不足

新興国がデジタル経済の階層のなかで役割をさらに広げるためには、より多くの技術者の育成が必要だろう。新興国でもデジタル端末とインターネットの利活用が広がる一方で、プログラマーの人口比率が総じて低いのだ。

第1章の図表1-1でも確認したように、世界人口に占めるインターネットユーザーの比率はおよそ50%に達している。また第2章の図表2-3で示したように、固定電話、インターネット、携帯電話を比較すると、携帯電話は中低所得国でも急速に普及してきた。これに対してデジタルサービスを開発するプログラマーの状況は大きく異なる。図表4-3は世界各国の携帯電話の普及度合いとプログラマーの人口比を示したものである。携帯電話の普及度合いは、人口100人当たりの契約件数を示している(図表4-3A)。ここからアジアやアフリカ、そして南米を含めた多くの国々で、契約件数が100人当たり100件以上となったことがわかる。

これに対して図表4-3Bはプログラマーの人口比を示している。ソフトウェアのプログラムコード(ソースコード)作成を管理する世界最大のサービスである、GitHubのユーザーを2019年6月時点で集計したものである。人口100万人当たりのGitHub登録ユーザー数(正確には居住地域情報を記載しているユーザー数)を見ると、アメリカや北欧では、人

図表4-3　携帯電話契約件数とGitHubユーザーの人口比

A　各国の携帯電話契約件数（人口100人当たり）

B　各国の対人口比GitHubユーザー数（100万人当たり）

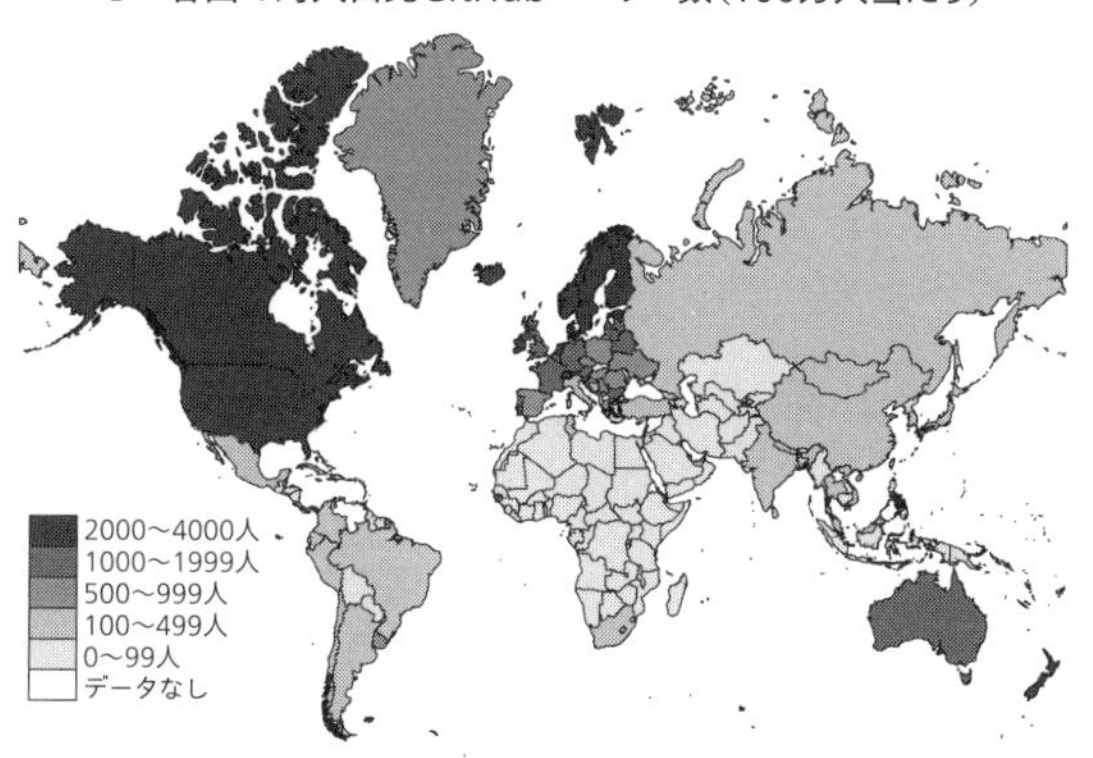

注：GitHubデータは2019年6月30日時点、人口は2018年データを用いた。同時点のGitHubユーザー3241.1万アカウントのうち、ロケーション情報を公開している240.6万アカウント（7.42%）を集計した。集計の際、2アカウント以上が自己申告している地名のみを集計した（240.6万アカウントのうち、99.56%をカバー）

出所：GitHubデータ、世界銀行「世界開発指標」をもとに作成

図表４－４　GitHubユーザーの上位10か国および10都市（2019年６月）

順位	国名	ユーザー数
1	アメリカ	711,648
2	中国	182,395
3	インド	177,565
4	イギリス	118,115
5	ドイツ	102,151
6	カナダ	83,696
7	ブラジル	81,377
8	フランス	69,672
9	ロシア	61,387
10	オーストラリア	45,656

順位	都市名	ユーザー数
1	ロンドン	46,477
2	サンフランシスコ	43,870
3	ニューヨーク	40,442
4	北京	38,246
5	バンガロール	31,068
6	上海	26,011
7	シアトル	24,582
8	パリ	23,191
9	ベルリン	20,218
10	モスクワ	19,428

注：GitHubユーザーのうち所在地を記入しているユーザーを集計。ただし国名のみを記入している場合にはこの都市別集計では集計できず、省いている。なお、日本は４万2699ユーザー、東京は１万9403ユーザーであった
出所：図表４－３のデータに基づいて国名および都市名で集計して作成

口100万人当たりのGitHubユーザー数が2000人を超えている。これに対して新興国は低い。例えばBRICS諸国を見ると、ブラジルは388人、ロシアは424人いるものの、中国は130人、インドも同水準の131人、南アフリカが191人である。新興国でも携帯端末が広く普及した一方で、開発者はいまだ人口比でごく少数なのである。

もちろん、国レベルでプログラマーの人口比率が低いことはGitHubユーザーの絶対数が少ないことを意味しない（図表４－４）。アメリカが71万人を超えて突出して多い。中国は18・2万人、インドは17・8万人、そしてブラジルは8・1万人である。加えて新興国の主要都市には数多くのプロ

グラマーが集中している。都市別ランキングを見ると、中国の北京と上海、インドのバンガロールには先進国の主要都市並みの GitHub ユーザーがいる。これら新興国の中核的な都市では、活発なソフトウェア開発が進んでいる。このため大手ＩＴ企業やユニコーン企業には人材が集まる。しかし中小企業や地方都市などではプログラマーが不足するだろう。

オープンソースへの貢献不足

オープンソースへの貢献で見ても、これまでのところ新興国の貢献は限定的である。ソフトウェア・プログラムの領域では、プログラムの記述（ソースコード）を共有するオープンソースと呼ばれる動きが、インターネットとともに広がりを見せてきた。例えばオープンソースによって作られているＯＳであるリナックス（Linux）は、企業の業務用のソフトウェア（サーバー等）を支えている。このほか、スマートフォンで日々、人々が利用しているものとしては、アンドロイドスマートフォンの Android OS の基盤にはリナックスが採用されているし、またアップルの iPhone の基盤には Darwin というカーネギーメロン大学のオープンソース・プロジェクトを基礎として発展してきたシステムが活用されている。そしてオープンソース・プロジェクトへの貢献者は、圧倒的に先進国企業の所属者が多い。オープンソース貢献者のデータを集計しているスタッカリティクスによれば、２０１９年12月時点で、上位10の所属企業のなかで、新興国の企業は華為技術（ファーウェイ）の一社のみである。

無論、これは所属企業別での集計であり、これらの企業に所属するエンジニアが新興国に在住しているケースも含まれる。例えば企業別で1位のレッドハット社は、オープンソース・ソフトウェアを活用したサービスを提供しており、これまでに全世界35か国に進出している。インドにも5つのオフィスを構えている。

とはいえ、いまだ先進国のエンジニアが中心であることは間違いない。オープンソース・プロジェクトに参画した「ハッカー」たちは仲間内での評価と評判によって動機づけられていた（レイモンド1999）。またこうしたプロジェクトへの参加を通じて自らの能力を高められる効果も指摘されている（ティロール2018）。このようにオープンソースはデジタル経済を支えているが、新興国のプログラマーの役割はいまだ限定的なのだ。

本節ではデジタル経済を階層分けして、クラウド・サービス、そしてプラグラマーの観点からデジタル化のなかの新興国の役割を検討してきた。新興国は最終的なユーザーとの接点となるアプリケーション層に強みを持つ一方で、デジタル経済の基礎となっている物理層はアマゾン、グーグルやマイクロソフトといった先進国企業の市場シェアが大きい。新興国企業は、拡大するアプリケーション市場では飛躍する余地が大きい一方、基礎部分ではなかなか市場を拡大することは難しそうである。またプラグラマーの分布を見ると、新興国の主要都市も先進国主要都市と並ぶ規模であるものの、地方都市ではプログラマー不足に陥りやすい。新興国でも携帯電話に代表される情報通信端末とインターネットが広く普及してきたが、デジタル経済を支える基層での役割は当面限定的だといえそうである。むしろ先進国企業が提供する基層を土台として飛躍できるかがまずは問われる。

2　デジタル化と雇用の緊張関係

製造業が雇用を生まなくなる？

次に考えたいのは、デジタル化はどこまで一国の経済成長や雇用の創出に貢献するかである。特にデジタル化の雇用創出効果が小さく、さらに自動化によって雇用が失われるとの危惧が生まれている。かつて工業化の限界を主張した「輸出ペシミズム論」のような悲観的な見方と言えるだろう。筆者の新興国についての見解を先取りすれば、デジタル経済が広がることによって新たに生まれる雇用もあり、量としてはそこまで悲観的に考える必要はない。問題はその職業の業務内容と社会保障制度によるセーフティーネットの対象となっているかである。

アジアの工業化の歴史を振り返ると、労働集約的な製造業が連鎖的に地域内で移転していった（雁行形態）。そして工業化は雇用を創り出すのみならず、幅広い人々の所得を引き上げた。それにより、所得格差を解消しながら経済成長をもたらしたことが高く評価されてきた。ただし、近年、工業化が生み出す雇用が徐々に減少していると指摘されている。経済学者のダニ・ロドリックは、１９９０年以後には、それ以前に比べてより低所得段階で、「製造業部門が全雇用に占める比率」そして「製造業部門が国民総生産に占める比率」のピークが訪れることを指摘した。彼はこれを「早すぎる脱工業化（premature deindustrialization）」と呼んだ（Rodrik, 2016）。つまり今までよりも低所得段階で、製造業が生み出す雇用が減り始めてしまう。彼の解釈は１９９０年以降のグローバリゼーションと技術革新が、労働節約的な生産方式の導入につながったというものだ。工業化が以前ほどは雇用を創出しなくなっているという指摘は多くの論者の注目を集めた。確かにミャンマーのワイシャツ工場の生産ラインですら、自動化ツールが導入されている。

今後ロボットをさらに導入することで自動化が進み、ますます雇用創出につながらなくなるかもしれない。こうした問題意識から世界銀行の専門家は『製造業に問題発生？　ものづくり主導型経済発展の未来』と題した報告書を刊行した（Hallward-Driemeier and Nayyar, 2017）。製造業では通常、１０００個、１万個といった量を生産すること（量産）を前提に、製品が設計され、開発が進んでいく。しかし単品からの製造すら可能になる３Ｄプリンター技術の成熟や、デジタルな設計図をもとにアパレル製品を1着から直接製作できる自動編み機の開発が進むと何が起きるだろうか。ベトナムやミャンマー、そしてバングラデシュといった外資企業に依存する国々から、生産工程が本国へ回帰することもありえる（猪俣2019）。

ただ現実には、製造業の現場は「労働集約的ではあるが、ルーティンワークではない業務」も多い。特に生産ロットが小さく、多品種の生産に対応するような「多品種少量」生産で、かつ短納期が求められる場合にはその傾向は強くなる。生産設備の段取り変え、作業員の配置替えと作業説明、試作での製造作業と品質のチェック等、多くの作業が必要なためである。日本市場向けに、タブレット端末を中心とする電子機器の受託生産を行う深圳市の工場の場合、1機種当たりの生産量が小さいこともあり、1日の間に従業員は頻繁に作業を変える。この時に現場の生産マネージャーは指揮者のようにリアルタイムで必要な作業を割り当てていく。まさに非ルーティンワークの典型である。従業員も業務変更に対応しながら柔軟に複数の業務に対応する必要がある。生産ロットが増大すれば、自動化される業務は増えるであろうが、それでも製造の現場では突発的な対応が求められる。技術革新によって雇用創出効果は低下しつつあるが、製造業は今後も雇用を支えていく。

	雇用（対全雇用%）			労働生産性
	合計 (1)＋(2)	(1) 情報関連製造業	(2) 情報サービス	
	6.1	1.4	4.7	2.59
	3.8	0.7	3.2	2.24
	3.8	1.0	2.8	1.84
	5.5	1.1	4.4	1.30
	0.9	0.1	0.8	4.86
	3.7	0.8	2.8	1.75
	3.7	0.7	3.0	1.65
	N.A.	N.A.	N.A.	N.A.
	N.A.	N.A.	N.A.	N.A.
	N.A.	N.A.	N.A.	N.A.

注4：ここでの情報通信技術産業は国際標準産業分類（ISIC）第四改訂版の「コンピューター、エレクトロニクス、光学」（26番）、「印刷業、音響映像、放映活動」（58〜60番）、「情報通信」（61番）、そして「情報技術およびその他情報サービス」（62、63番）の合計である
出所：OECD（2019）より作成

デジタル経済の雇用規模

ではデジタル経済はどうだろうか？　経済全体を牽引する効果を考えるうえでは、まずはデジタル経済の規模をどう測ればよいのかを考える必要がある。国民所得推計におけるデジタル経済の定義はいまだに確定しておらず、その経済規模を測定するアプローチは複数ある。一つの直接的なアプローチは、デジタル経済の基礎部分としての情報通信技術産業（ICTI, Information and Communication Technology Industry）の規模を集計するものである。ここでの情報通信技術産業の定義は関連する製造業とソフトウェア産業をともに含む。

図表４－５　情報通信技術産業の規模（2016年）

	付加価値（対 GDP%）		
	合計 （1）＋（2）	（1） 情報関連製造業	（2） 情報サービス
イスラエル	14.4	3.6	10.8
米国	7.9	1.6	6.3
日本	6.7	1.7	5.0
エストニア	6.4	0.8	5.5
インド	6.3	0.4	5.9
ドイツ	6.2	1.4	4.7
OECD	5.9	1.1	4.8
中国	5.0	2.4	2.6
インドネシア	4.6	1.0	3.6
南アフリカ	2.2	0.2	2.0

注１：中国、インドネシア、南アフリカのデータと、日本とインドの雇用データは2015年、それ以外は2016年データである
注２：N.A.は利用できるデータなし
注３：労働生産性は、非農業部門のうち情報産業を除いた部門を１とした指数

ＯＥＣＤの集計によれば、２０１６年時点で、情報通信技術産業はＯＥＣＤ加盟国の平均で付加価値の５・９％、雇用の３・７％を作り出した（図表４－５）。１人当たりの労働者が作り出した付加価値を見る労働生産性では、他の産業部門（農業部門を除く）と比較して１・65倍となっている。先進国ですら、付加価値と雇用全体に占める比率は１割に満たない。ＯＥＣＤ非加盟国を見ると、インドでは付加価値の６・３％を占めており、ＯＥＣＤ諸国の平均を上回っている。中国では５・０％、インドネシアでは４・６％であり、ＯＥＣＤ諸国より若干低く、南アフリカでは２・２％となっている。

一方、雇用に目を向けると、情報通信技術産業が直接生み出す雇用は少ない。インドの場合、情報通信技術産業は全雇用の0・9%を占めるにすぎない。このような少数の雇用で大きな付加価値を作り出しているため、インドの情報通信技術産業の労働生産性は他の産業の4・86倍に達し、他の産業から飛びぬけた状況が生まれている。中国については情報通信技術産業の雇用量を推計する取り組みもあり、それによれば2012年時点で雇用の2・6%を占めるとの推計がある(Herrero and Xu, 2018)。インドよりは高い値であるものの、情報通信技術産業が直接的に作り出す雇用は限定的であると言わざるをえない。

このように情報通信技術産業(関連製造業およびサービス業)の規模から、デジタル経済全体の役割について評価することには問題もある。例えば第2章でも触れた通り、第一次産業に含まれる農業においても、農地にセンサーを設置したり、画像認識技術を活用したりすることで、精密農業(Precision agriculture)が広がりつつある。情報通信関連以外の製造業でも、工場内の情報化は進む。サービス業全般でも、デジタル技術を活用した業務の効率化と自動化、そして新たな取引が促進されていく。つまり、各産業分野のなかに幅広く「デジタル」な要素が広がりつつある。前述の情報通信技術産業の試算はあくまでもデジタル経済の基礎部分の規模を把握したもの、といえるだろう。

デジタル化がもたらした間接的な効果を捕捉する取り組みや、「消費者が支払ってもよいと考える金額」をもとに、無料で提供されるサービスの規模を推計する取り組みも進む。こうした数値を正確につかめるようになれば、デジタル経済の影響力も明らかになるだろう。

自動化で失われる雇用は47％か９％か

次に、人工知能を含むデジタル技術の発達が労働市場にどのような影響を与えるかは、世界的に注目を集めてきた論点である。特に業務のなかでもやるべき作業が明確に定義でき、その反復作業で構成されるルーティンワーク（定型業務）は、コンピューター・プログラムによって代替されやすい。一方でコミュニケーションに代表されるような、定式化されない対応によって構成されるノンルーティンワーク（非定型業務）は自動化が困難であると考えられている。

自動化が雇用に与える影響についてショッキングな推計結果を示したのがオックスフォード大学のカール・フレイとマイケル・オズボーンによる論文であった（Frey and Osborne, 2013）。彼らは専門家による職種ごとの自動化リスク評価をもとに、アメリカの７０２の職種別の自動化確率を検討した。そして将来的にアメリカの雇用のうちで47％が今後10年から20年の間に自動化されるリスクが高い（自動化確率が70％を超える）との推計結果を報告し、広く注目を集めた。これまでも、特に先進国の中間層の雇用は伸びにくいという現象が観察されてきたが、今後さらに深刻化するという予測になる。

これに対して、「フレイとオズボーンの推計は自動化による労働の代替効果を過大に評価している」という指摘もある（Arntz, Gregory, and Zierahn, 2016）。そこでは、フレイとオズボーンは「職種（Occupation）」ごとに確率を推計しているものの、実際には特定の職種のなかでも、自動化されやすい業務とそうでない業務があることを考慮し、ＯＥＣＤ諸国で平均して自動化されるリスクが高い（自動化確率が70％以上）職は全体の９％にとどまるという結果を報告している。

近年では理論的な分析も進展している。経済学者のダロン・アセモグルとパスキュアル・レストレポは、技術革新が仕事に与える影響を、労働を構成する業務（タスク）を代替する側面と、新たな労働業務を創出する両面に着目して検討している（Acemoglu and Restrepo, 2018）。彼らは、企業が生産活動を行う際に、労働者を雇うか、あるいは資本（機械）によって行うかを考え、その結果、機械による完全な代替（純粋な機械化経済）は理論的に生じにくいと見る。理由の一つは、機械化が進めば進むほど、労働者への需要が低下するために労働者の賃金が低下し、どこかの時点で機械を購入するよりも労働者を雇ったほうが、よりコスト効率が高まるためである。機械化の程度は、金利との関係（金利が低いほうが資金の調達コストが下がるため、機械化投資が進む）、そして労働を積極的に活用しようとする新たな業務（タスク）の創出にも依存する（北尾・山本２０１９）。

新興国の仕事の自動化は早いか、遅いか

ではこうしたメカニズムは、新興国でどのように機能するだろうか。前述のフレイとオズボーンの推計は、アメリカにおける雇用データを用いて職種ごとの自動化確率を推計しているため、発展段階と資源の分布（要素賦存状況）が大きく異なる新興国に直接適用することはできないだろう。今後10年から20年のタイムスパンで考えた場合、アメリカにおけるセールスマンと、インドや中国におけるセールスマンは、異なる代替確率を持つと考えるほうが自然だ。

フレイとオズボーンが推計した職種ごとの自動化確率を新興国に対してそのまま使った場合、二つのバイアスの可能性がある。第一のバイアスは、新興国の職種別の代替確率を過大評価してしまう可能性である。資本に対して労働が豊富な国では、例えば工場における生産ラインの自動化の必要性は低く、業務の自動化確率も低くなると考えるのが自然だ。労働コストが低いのに、わざわざコストをかけて自動化することはないはずだ。これまでの常識からすればこのように考えるのが筋だ。

しかし逆のバイアスもありうる。新興国の職種別の代替確率を過小評価してしまう可能性

である。第2章で確認したように、中国などの一部の新興国では、先進国よりも速いスピードでモバイル決済やスマートフォンのアプリを利用したサービスが普及している。例えばアリババ集団が展開する生鮮食品スーパーマーケット・フーマーフレッシュ（盒馬鮮生）では、レジが完全にセルフ支払いとなっている。中国の一部都市のレストランでは顧客がQRコードを読んでメニューを選択し、支払いもモバイル決済化され始めており、アメリカや日本よりもさらに自動化が進んでいる部分もある。つまり労働者1人当たりの資本（資本労働比率）が平均的に見れば低いと思われる国において、むしろ自動化が進んでいる。

新興国のIT企業が、豊かな最先進都市の状況を想定して自動化サービスを開発し、そしてそれが普及した場合に何が起きるだろうか。これらの国の平均的な要素賦存ではなく、最も進んだ都市の状況を想定して開発が進む、という仮定である。例えば、中国の場合には北京、上海、杭州、深圳といった先進都市のニーズをもとにレジの自動化システムが開発され、それが地方都市にまで普及しつつある。このようなメカニズムが広がった場合には、スーパーのレジで商品を打ち込む業務の総量は、急速に減少することになる。

デジタル化が作り出す仕事

デジタル化が雇用を減らすのか、増やすのか。この論点を考えるうえでは、技術革新が新しい職種を作り出す面にも目を向ける必要がある。蒸気機関が大規模な生産組織を作り出したとき、いままでよりも多くの労働者と資源を効率的に管理し、また十分な販路を確保し続けるために経営組織と営業組織の強化も求められた。これにより、いわゆるホワイトカラーの職種が数多く作り出された。

図表4-6　自動化と革新による職種創出のせめぎ合い

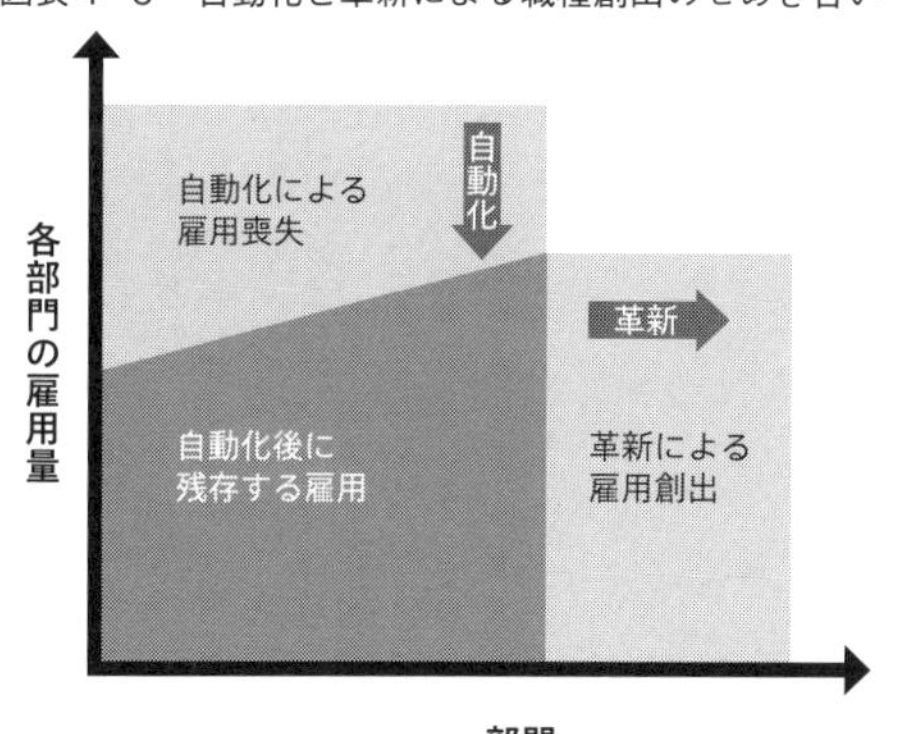

出所：World Bank（2019）29頁。元図はエドワード・グレイザー作成

　技術革新によって職が自動化される一方で、新たにどれだけの職を作り出せるのか、この様子を示したものが図表4－6である。横軸には職種を左から自動化確率が高い順に並べ、そして縦軸はそれぞれの職種での雇用量を示している。ここで、左側に位置づけられる職種ほど自動化されやすいために、時間を追うごとに雇用量は減少する。しかし技術革新によって、新たな部門や職種が作り出されることで、雇用の総量は図の右側へと拡大させていくことができる。左側の自動化に対して注目が集まる一方で、右側の新たな職種の創出

過程についての研究は発展途上である。

デジタル経済が新たに生み出しつつある職種とはどのようなものか。この問題は「デジタルな雇用」をどのようなものと考えるか次第である。ここでは大きく三つに分けて考えてみたい。

第一の類型はIT人材である。デジタルツールを開発し、活用できるような職種である。コンピューターの利用の仕方は変化が激しい。文書作成や表計算ソフト、そしてメールといった基礎的なスキルに加えて、より高度なデータ分析やプログラミング能力が求められ、そしてインターネット・セキュリティーの分野でも高度な知識を有する人材が求められるようになっている。これらのスキルを獲得するためには、一定の訓練を必要とする。すでに幅広い職種でデジタルツールを使いこなすような能力が求められるようになっている。しかし狭義のIT人材そのものの雇用総量は決して大きくない。新興国の成長を牽引するものではあっても、マクロな雇用の屋台骨を支えるものとは考えにくい。

第二の類型は、デジタル・クリエイター人材である。プラットフォーム経済に積極的に加わり、自らのコミュニケーション能力とクリエイター能力を活かしていく職種だ。ユーチューバーに代表されるようなソーシャル・ネットワーキング・サービス（SNS）のうえで、自ら番組やコンテンツを配信し、情報を発信する人材である。情報発信能力は、視聴者への広告を見てもらうことにもつながり、また直接的に製品やサービスを販売することもできる。こうした人材は「インフルエンサー」と呼ばれることもあり、中国では「ネットアイドル（網紅）」とも呼ばれる。会話スキル、商材や論点の選定スキルなど、高いコミュニケーション能力だけでなくコンテンツを作り出すクリエイターとしての能力も求められる。視聴者は一部の作品に集中するため、この職種も雇用総量としては必然的に少ないものとならざるをえない。副業や兼業として生活を部分的に支える可能性は開かれているが、広く雇用を支える役割は期待しづらい。

そして第三の類型は、ラスト・ワンマイル人材だ。電子商取引やライドシェア、宅配といったプラットフォーム企業の台頭によって、まとまった雇用量を生み出しつつある職種である。電子商取引の拡大は、宅配においてラスト・ワンマイルでの雇用を創出している。同様にタクシー運転手も、技術的には個人での参入がより容易になっている。これらの業務は現状では自動化が難しく、労働集約的な特徴を持つ。このほかにも例えば人工知能の開発過程では、人工知能に対してある画像が何を意味するかを教示する（タグ付けをする）業務も必要で、これもまた数多くの人手が必要である。

スキルの面から見ると、第一のＩＴ人材は、プログラミング等の専門性と技能が求められ、第二のデジタル・クリエイター人材は、コミュニケーション能力とクリエイター能力が求められる。第三のラスト・ワンマイル人材には、特殊な技能が求められることは少ない。一方で、雇用創出の面から見ると、IT人材はデジタル経済の広がりにもかかわらず雇用の総量にはそれほど期待できない（すでに確認した情報通信技術産業の雇用量も参照）。デジタル・クリエイター人材は、誰もが挑戦はできるものの、安定的な職業にはなりにくく、生み出される雇用量は少量にとどまる可能性が高い。雇用の点では、特殊な技能が求められない第三のラスト・ワンマイル人材が当面中心になる可能性が高い。ここにデジタル化の課題がある。

インフォーマル化する雇用

このようにデジタル化によって新たに作り出される職種によって、収入の増加と職業選択の可能性が広がっている。しかし同時に労働契約が不完全で、労災・雇用保険や社会保障（医療保険、公的年金）の対象外に置かれるという意味で、「インフォーマル」な労働の増加にもつながる可能性もある。デジタル化が労働市場に影響を与えるインパクトは、労働の代替と創出だけでなく、その働き方にも及ぶのだ。

例えばライドシェア・アプリでの運転代行や家事作業を委託するサービスの場合、サービス提供者（労働者）はプラットフォーム企業によって雇用される被雇用者なのか、それとも柔軟な働き方を自ら選んでいる個人事業主なのだろうか。日本においても、フードデリバリー（飲食宅配）代行サービスのウーバーイーツの配達員が、2019年10月に「ウーバーイーツユニオン」を結成した。この団体は宅配の業務中に生じた事故やけがの補償、そしてウーバー側によるアカウントの管理や配達員の評価制度の透明性の確保、そして適切な報償設定を求めている。

中国ではインターネットを通じたタクシーの配車サービスでの交通事故をめぐって、運営会社と運転手の間に労使関係があるかどうか、判断が分かれている。ある判決では、第一に運転手が運営会社の審査を経て配車運転手として承認されていること、第二に配車業務中に運営会社の定めたサービス規定と行動規範に従って運営会社の制服と名札を身に着けていたこと、そして第三に運営会社が定めた基準で料金を徴収し、報酬を得ていた、という点をもって、運営会社の管理下にあり、労使関係と認定した。その一方で、ライドシェア・プラットフォームで労使関係を認定しない判例もあり、議論は決着していない（范2019）。

労働市場の流動化は社会保障制度の問題でもある。これまで企業との雇用関係と強く紐づく形で制度が設計されてきた社会保障制度の根幹が揺らいでしまうのだ。人工知能技術の普及が大規模な失業をもたらす可能性を視野に入れて、抜本的な制度改革として住民への基礎的な給付（ベーシックインカム）の必要性を主張する論者もいる（井上2019）。

果たして社会保障制度全般が整備途上段階の新興国において、どのような社会保障制度の設計およびその調整が求められるだろうか。アジア諸国の社会保障制度の状況を見ると、現状ではその保障対象の範囲に対応して、大きく４つの段階に分けられる（大泉２０１８）。

第一の段階は公的な社会保障が公務員に対してのみ提供されている段階で、このなかにはラオス、カンボジア、そしてミャンマーといった国々が含まれる。第二段階に進むと、民間雇用者にも保障の対象が広がり、ベトナム、フィリピン、そしてインドネシアが含まれる。そして第三段階になると自営業者や農業従事者までが保障対象となり、最後の第四段階では全国民が社会保障の対象となる。社会保障範囲の拡大を段階論的に整理したものだと言える。

目下のデジタル化の進展は新興国においても著しい。上記の社会保障整備の第一と第二の段階を含むすべての段階の経済で、特定企業に所属しないフリーランサーが増加するかもしれない。その結果、労働市場全体で定職での勤務期間が短くなるような構造変化が生じる可能性がある。ここで検討が必要なことは、フリーランサーの処遇である。雇用保険、傷害保険、年金制度といった社会保障の対象外となってしまった場合、フリーランサーは景気変動や病気・ケガといったショックに対して脆弱な存在となる。社会保障制度の枠内の雇用を「フォーマル雇用」、枠外に置かれる雇用を「インフォーマル雇用」と呼ぶとき、果たしてデジタル化で生まれる雇用は、そのどちらになるだろうか。

図表4-7　デジタル化とインフォーマル雇用

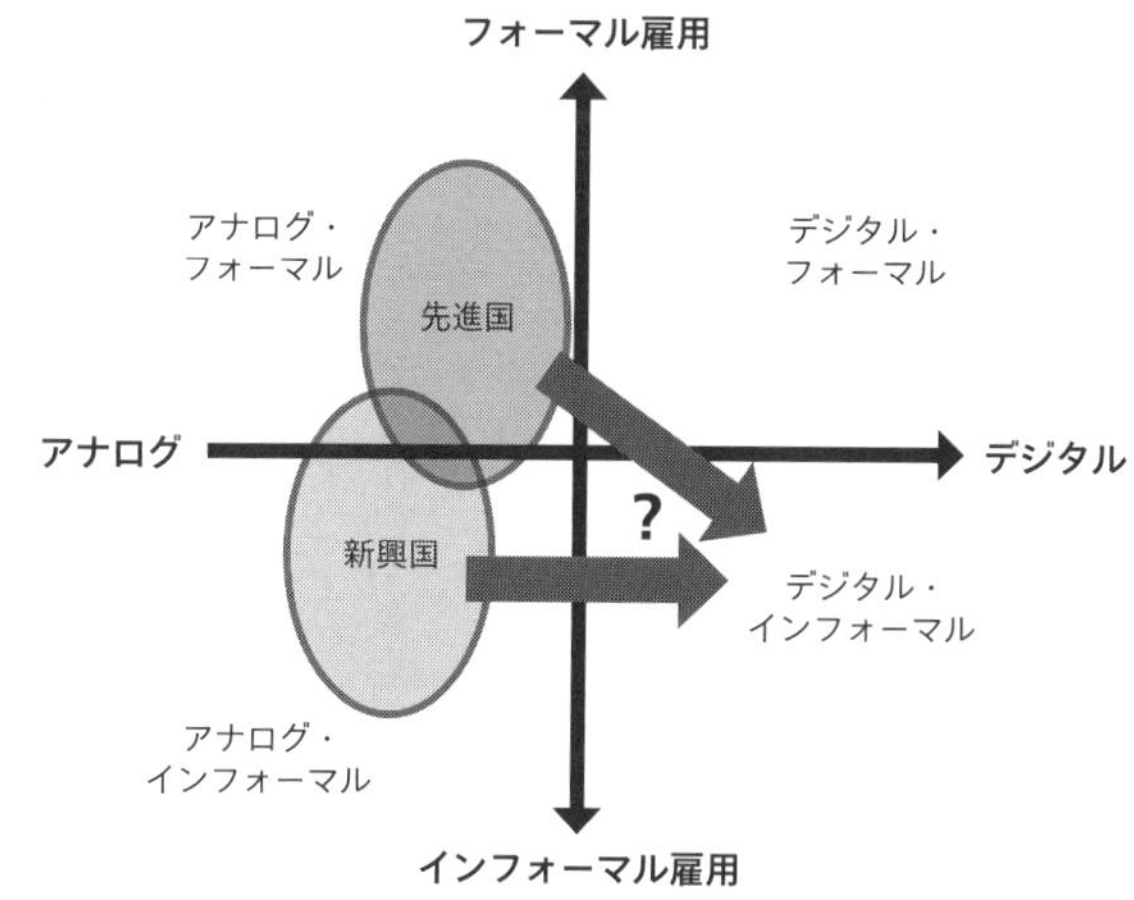

出所：筆者作成

新興国の逆説的な強み

ここで縦軸にフォーマルとインフォーマルな雇用を取り、横軸に経済のデジタル化水準を設定した図を考えてみよう。四つの象限（しょうげん）が現れ、デジタル化が進んでいないアナログなフォーマル雇用、アナログなインフォーマル雇用と同時に、デジタルなフォーマル雇用とインフォーマル雇用を想定できる（図表4-7）。

例えば2000年ごろを念頭に置くと、先進国ではすでに経済のデジタル化が始まり、雇用面では社会保障制度の範囲が広く、フォーマル雇用の比率が高い。一方で経済発展水準が中低水準段階の新興国では、アナログなインフォーマル雇用の比率が高かったと想定できる。そこにプラットフォームを通じたマッチング・サービスの台頭に代表されるデジタル化の波が到達することになる。

仮説的に考えられる変化は、新興国ではもともと大きかった「アナログ・インフォーマル」雇用から、「デジタル・インフォーマル」雇用へと、横滑りしていくという変化である。先進国では十分な「デジタル・フォーマル」雇用の制度が完備されなければ、フォーマルな雇用形態で就業していた人々が「デジタル・インフォーマル」雇用へと移るという変化を迎えるかもしれない。これを「転落」と捉えるか、裁量の利く働き方と捉えるかは、一概にいえない。政府やプラットフォーム企業が一定の保障を提供することで「特定企業とは雇用関係がないが、社会保障がある」という状況を作り出せれば、それは「デジタル・フォーマル」な雇用となる。

デジタル技術を活用した運転代行や宅配サービスに代表されるような雇用は、保険や社会保障制度といったセーフティーネットの外側に置かれてきたが、変化の兆しも見られる。フランスでは2020年3月に最高裁判所が、ウーバーの運転手は同社と雇用関係にあると判断し、これにより同社は今後社会保険料の負担、有給休暇制度の適用、病休手当の提供といった対応を求められる。

当然ながら、先進国で観察されつつあるフォーマルな雇用からインフォーマルな雇用への移転のほうが、より強い喪失感と反発をもたらすと考えられる。一方、新興国ではデジタル化によって、もともとインフォーマルで不安定だが多様な生業のなかで暮らしてきた人々がデジタルな雇用形態でも依然としてインフォーマルな雇用にとどまることになる。逆説的ではあるが、喪失感は薄く、労働者からの反発は小さくなりうる。中国の一部都市では工場労働者よりも、フードデリバリーの配達員のほうが高賃金、という状況も生まれている。中国のフードデリバリー業界最大手の美団点評によれば、2019年に同社の配達員は399万人に達し、うち6・4%の26万人は貧困家庭出身者であった（美団研究院2020）。ただしこの場合にも、従業者に男性が圧倒的に多いというジェンダーの問題や、社会保障の問題は残る。このため、労働者の側が「デジタルかつフォーマルな雇用」を選択できる仕組みに向けて、政府もプラットフォーム企業もともに取り組んでいく必要がある。

本節ではデジタル化が新興国の雇用にどのような影響を与えるかを考えてきた。情報通信技術産業の雇用規模は限定的である。しかしデジタル化が影響を与える分野はより広い。単に雇用を自動化するだけでなく、新たな雇用も作り出していく。これまで人々が担ってきた業務のうちでルーティンワークの部分がますます自動化されていく一方で、IT人材、デジタル・クリエイター人材、そしてラスト・ワンマイル人材が作り出されている。デジタル化の進展で、新興国にもこうした新たな職種が作り出される面に着目すると、デジタル化の影響は決して悲観一色ではない。むしろもともと社会保障制度の範囲外に置かれていた人々が多いからこそ、デジタル経済への移行も速やかに進むかもしれない。デジタルで、なおかつフォーマルな雇用形態と契約の在り方を考えるうえでは、新興国の労働市場の制度設計と試行錯誤に注目が必要である。

3　競争を歪めるプラットフォームと財閥

プラットフォーム企業と競争法

市場経済では常に、優越的地位を持つ存在が競争を歪める現象が生じてきた。次にデジタル化によって、新興国市場における競争環境がどのように変化するかを考えてみよう。論点となるのはプラットフォーム企業と財閥の存在だ。

ネットワーク外部性によって、プラットフォーム企業がますます多くの売り手と買い手を集めるようになると、いくつかの問題が生じる。特にプラットフォームから別のプラットフォームに利用者が移行するために何らかのコストがかかる場合（スイッチングコストと呼ばれる）、特定のプラットフォームの利用に固定される問題（いわゆるロックイン）が生じる。そしてプラットフォーム企業がこうした優位性を利用して価格を高めたり歪めたりすると、市場での競争上の問題を生み出すことになる（岡田２０１９）。

ＥＵでは一般データ保護規則（ＧＤＰＲ）によって、個人が特定のプラットフォームから別のプラットフォームへとデータを移管できる「データポータビリティー権利」を規定した。これによって、特定のプラットフォームへの固定化を防止するように取り組んでいる。

新興国でもプラットフォーム企業をめぐって競争法上の問題点が生じている。デジタル化の成功例かつアフリカのモバイル決済の旗手として注目を集めてきた、ケニアのM-PESAの場合、２００７年のサービス開始以来、農村や街中で現金の引き出し業務を担う代理店を開拓することで、急激にユーザーを拡大させてきた。しかしこの間、長年にわたって代理店はM-PESA以外の決済サービスを取り扱わないように求められてきた。M-PESAは、その営業ネットワークの開拓と拡大のために投資をしてきたという面もあるため、問題は単純ではない。そのうえで、ケニア競争局（Competition Authority of Kenya）は２０１４年７月に制限的な契約慣行を終了させ、代理店がどのような送金ビジネスに携わってもよいとの通知を出した（世界銀行２０１６）。

プラットフォーム企業による競争者の排除や市場支配力の濫用は、他の新興国でも観察される。インドにおいても、電子商取引市場で高いシェアを持つアメリカのアマゾンと、ウォルマート系のフリップカートに対して、インド競争委員会（The Competition Commission of India, CCI）は２０１９年に調査を始動した。中国と異なり、外国企業が高い市場シェアを持つインドでは、こうした調査が保護主義や産業政策的な含意を強く持ちうることには注意が必要だろう。

中国では国内プラットフォーム企業間の争いが頻発している。中国の電子商取引の最大手・アリババは、高い中国国内シェアを獲得してきた。この市場シェアを背景として、出店者に対して、競合するプラットフォームには出品しないように働きかけているのではないか、との報道はかねてからあった。2019年11月5日、中国当局の国家市場監督管理総局は、アリババ、京東（JDドットコム）、美団（メイトゥアン）、拼多多（ピンドゥオドゥオ）等のネット通販運営会社の大手20社余りを招集し、取引先に「二者択一を迫ることは同国の電子商務法、独占禁止法、不正競争防止法の違反にあたる」と警告した。その座談会で拼多多の責任者が「二者択一の圧力に遭遇した」と発言した。これに対して、アリババの責任者は次のように反論している。

「規模の効果ゆえに、われわれ（アリババ）は優れた出品者と協力しており、消費者には最も優れた消費体験、最も低い価格を提供している。同時にプラットフォームはこれらの出品者に最も優れた資源を提供し、各参加者がそれぞれ受益する構造を作り上げている。しかし、一部の競争相手が、この一社独占協力モデルに対して悪意ある意見を述べている。これは一種の悪意ある宣伝である」

この問題をめぐっては、2019年11月7日に中国共産党の機関紙『人民日報』が、アリババに対して批判記事を掲載して以来、広く報道されるようになった。中国ではアリババ系物流プラットフォームである菜鳥網絡（ツァイニァオ）と物流大手の順豊（エスエフ）エクスプレスとの間のデータ接続が突如停止した事例や、テンセントが運営する微信（ウィーチャット）上からアリババの電子商取引サイトへの接続が制限される等、プラットフォーム企業の競争制限をめぐる動きが多発している。

このことはプラットフォーム企業が中立公正な立場に立つ存在ではなく、あくまでも市場競争を戦うプレイヤーであることを意味する。プラットフォーム企業間の競争、そしてプラットフォームとその他の企業との競争のなかで、今後も自社の優位を維持するためにグレーゾーンの取り組みがなされることは不可避だろう。

財閥とベンチャー

新興国では元来、多業種にわたって幅広く事業を展開するコングロマリット企業、いわゆる財閥の存在が大きい。彼らは政治権力者との距離も近く、時に政商として大規模な製造業投資や不動産開発プロジェクトを受注してきた。財閥系企業や、その創業家に生まれた新世代が、デジタル分野に積極的に参入していることは、どのような帰結をもたらすだろうか。

アジアに目を向けると、財閥系企業とベンチャー系企業が時に協力しながらも、すでに激しく競争を始めている。目立つのは、財閥系企業が既存のビジネス上のネットワークを活用しながら、特に創業家の子孫が新事業を立ち上げる事例である。タイのチャロン・ポカパン（CP）グループでは創業者であるタニン・チャラワノンの孫、ゴーラワットが職場の情報交換アプリで起業に成功しており、グループの後継者候補とも報道されている。またインドネシアでは華僑系財閥のシナルマス・グループの創業家出身のリンダ・ウィジャヤが、スマートフォンを使った医療診察サービス事業を創業した。

財閥の存在を視野に入れると、デジタル化を牽引する可能性に加えて、いくつかの危惧も生まれる。一つ目は、財閥は真の意味においてデジタル化の牽引役となれるか、というものである。「イノベーションのジレンマ」と呼ばれるように、シュンペーターの言葉を借りれば、駅馬車、鉄道を建設してきた企業が、新たな技術的変化の時代に対応できるだろうか。そして二つ目に、仮に現地で有力ベンチャー企業が生まれてきた場合に、彼らの友好的なパートナーとなれるのだろうか。不公正な競争を通じてベンチャー企業のビジネスを排除したり、あるいは買収しようとしたりしないだろうか。

アフリカでは、M-PESAの事例のみならず、通信事業者がプラットフォーム企業となりつつあり、また現地の大手銀行、保険会社、小売り企業、メディアが既存の顧客ネットワークを掌握している。アフリカのベンチャー投資業界に身を置き、現地の成長企業の動向に詳しいザカリア・ジョージ（スタートアップ・ブートキャンプ・アフリカ共同創業者）は、これらの企業が門番（ゲートキーパー）となりつつあり、スタートアップ企業にとってはこれらの門番企業と協業することが成功の鍵になっていると指摘する。逆に言えば、こうした市場を押さえる門番企業との協業なくして、新興企業の成長も難しい。新興国においても増加してきたベンチャー企業が、どのような競争環境に置かれているのか、引き続き注目が必要だ。

過度の悲観を超えて

本章では①デジタル経済の基層での新興国企業の限定性、②業務の自動化と職種の創出の間の緊張関係、そして③プラットフォーム企業、財閥などのゲートキーパー企業による不公正競争のリスクを検討した。

2010年代以降に迎えたモバイル・インターネットの時代において、中国の大手企業の台頭こそ見られるものの、総じて新興国企業の役割はアプリケーション層に集中している。躍進する現地企業は、先進国企業が提供するインフラの上に立って事業を展開している。この意味で一定の限界があるものの、筆者は、新興国企業がデジタル経済の基層にも進出することが必須だとは考えない。むしろ新興国企業が提供するミドルウェア層と物理層を跳躍板として、飛躍できるかが一番大事だ。その跳躍によって事業規模を拡大し、人材を育成した先に、さらなる躍進を考えればよいのではないか。

労働市場への影響はいまだに不明瞭であるが、ここでも新興国について過度に悲観的に考える必要はない。その理由は、自動化によって代替される職種がある一方で、創出される職種もあるためだ。加えて新興国では元来インフォーマル雇用が多いために、逆説的にデジタル化によって作り出された「デジタル・インフォーマル雇用」に対してもむしろスムーズに移行する可能性がある。そのうえで、社会保障制度の枠外に置かれたインフォーマルな状態を是認するのではなく、デジタルかつ社会保障制度の枠内に入る「デジタル・フォーマル」な雇用の在り方を切り開くことが新興国には期待される。

この観点からすると、新興国国内のプラットフォーム企業や財閥系企業の役割は大きい。彼らが現地政府と協調しながら、新興国の未来のデジタル社会を形作っていく存在になる可能性が高いからだ。不公正な競争環境を作り出すリスクも孕んでいるものの、新興国ならではの柔軟性で、先進国には思いつかなかったような経済社会が生まれる予感もある。土埃舞う新興国の地に、最新鋭のインフラとサービスが実装されたとき、未知の雇用制度や社会保障制度を含む次世代型経済が立ち上がるかもしれない。

第5章　デジタル権威主義とポスト・トゥルース

1　アップデートされる権威主義

分断されるインターネット

インターネットの普及、コンピューター・テクノロジーの発達、ソーシャル・ネットワークの広まりが、より豊かで透明性の高い社会をもたらす——こう信じられていたのはそう昔の話ではない。ニコラス・ネグロポンテが、1995年刊行の著書『ビーイング・デジタル』で単数形の「ザ・ネット（The Net）」と表現したとき、そこには国境や検閲のないネットワーク空間が想定され、楽観的な見方が貫かれていた。

「われわれが互いの相互接続を推し進めるにつれ、民族国家的な価値の多くは色褪(あ)せてしまう。それに代わって重要なものとなるのは、もっと大きな電子共同体と、逆にもっと小さな電子共同体における価値である」（ネグロポンテ1995、17頁）。

中東と北アフリカで2011年以降本格化した「アラブの春」に代表されるSNSを活用した民主化運動の広がりは、その現れと受け止められた。しかし2010年代後半以降、権力側がデジタル技術を活用して社会の関心と世論をつぶさに観測し、管理・統制を強めている。中国はその代表例と認識され、強権的な政治体制がデジタル技術を駆使した監視や検閲を通じて統治を行う現象は「デジタル権威主義」と呼ばれる（Heilmann, 2016; Freedom House, 2018, 2019）。

経済発展が進んでいない国で、インターネットの接続環境が整備されていないのはいたしかたないことだろう。だが今や政治体制が原因で国民がインターネット経由でアクセスできる情報が制約されることが一般化しつつある。フリーダム・ハウスの調査によれば2017年から2018年にかけて、調査を行った65か国のうち26か国で「インターネットの自由」が低下した。さらに、2018年から2019年にかけては33か国で同指標が低下した。こうした動きによってインターネットはますます分断されつつあり、「スプリッターネット」とも呼ばれる（図表5-1）。

2019年のデータでは、世界のインターネット・ユーザーのうち、自由なアクセスを有

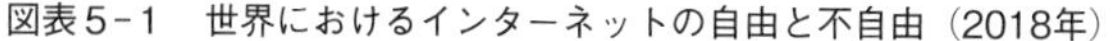
図表5-1　世界におけるインターネットの自由と不自由（2018年）

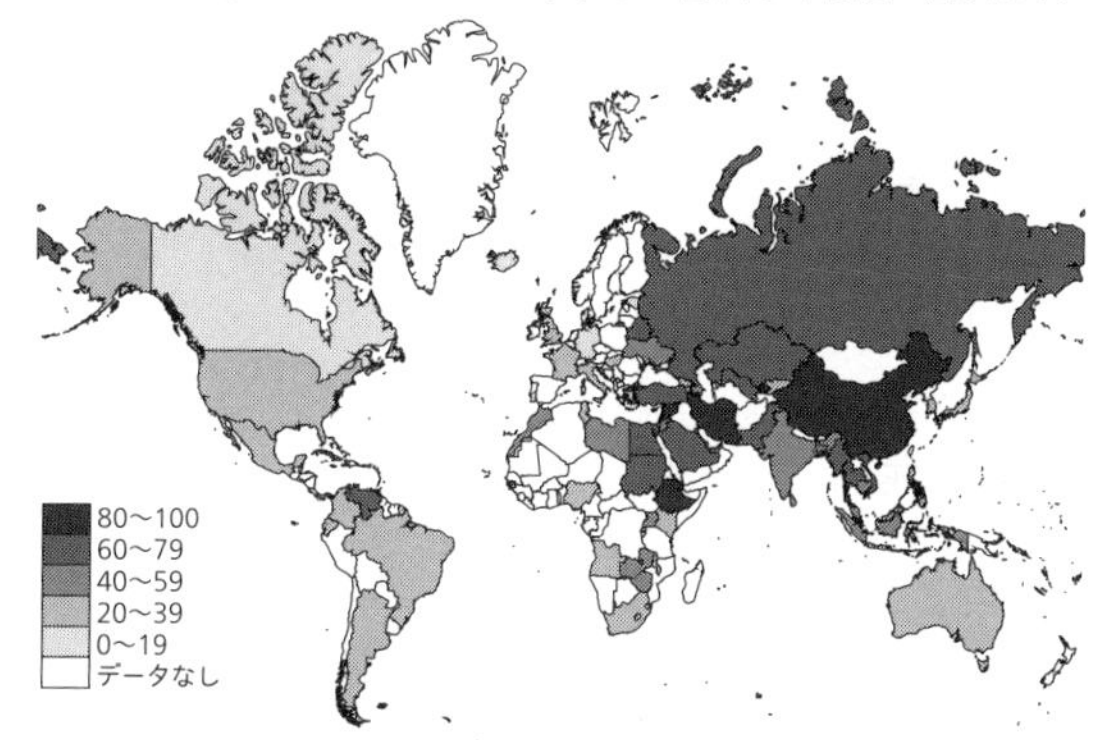

注：0が自由、100が不自由を示す。本データのインターネットの自由は3つの指標によって構成される。第一はインフラと経済面でのアクセスへの障害、政府による特定技術へのアクセスの制限、そして法的なあるいは所有形態でのインターネットと携帯電話事業者への制限を指す。第二は内容への制限で、ウェブサイト閲覧のフィルタリングとブロック、その他の検閲と自己検閲、内容の操作、オンラインニュースメディアの多様性、デジタルメディアの社会的・政治的活用の程度で構成される。第三はユーザーの権利の侵害で、オンラインでの活動に関する保護と制約、監視、プライバシーの保護、オンライン活動にかかわる起訴、投獄、身体的攻撃、その他の嫌がらせを指す。白表示の国々はデータなし
出所：Freedom House（2018）データより作成

しているのは全ユーザーの20%に過ぎない。32%は部分的な自由にとどまり、35%は不自由なアクセス条件となっている（残りの13%は調査対象外）。また世界のインターネット・ユーザーのうち46%は、当局が政治的な理由からインターネットや携帯ネットワークを遮断することがある国に住み、71%はインターネット上に政治的、社会的、宗教的な投稿をすることによって拘束されるリスクがある国に住んでいる。インターネット上の政治的な自由は、世界的に見ればむしろ少数の人が享受するに

とどまる。

国別に見ると、ウクライナ、カンボジア、ベネズエラ、トルコ、エジプトといった国々では近年、アクセス環境が悪化している。例えばカンボジアではフン・セン政権のもとで、英字新聞の『プノンペン・ポスト』がフン・セン氏と関係が近いとされるマレーシア人投資家に売却された際、これに関する報道が削除された。「国家安全への脅威」を理由として、オンライン・メディアへの制限と検閲が強化されている。

権威主義国家でデジタル化が進む理由

政治的な自由が制限され、インターネット上の言論の自由が制限されても、経済社会のデジタル化が停滞するとは限らない。情報が検閲される一方で、デジタル技術の利活用は進む。第2章では、インターネットを通じた支払いの普及が一部の中・低所得国でも進んでいることを紹介した。ここでは政治的な自由と技術の普及の関係を見てみよう。図表5-2は、横軸に政治的自由を、縦軸にインターネットを通じた決済の利用経験の関係を示している。ここでの政治的自由とは、世界銀行の関連プロジェクトが公開している国別データで、①政権選択の自由、②言論の自由、③結社の自由、④報道の自由、を考慮した指標である。10が最も自由な国を、0が最も不自由な国を示す。

図表５-２　インターネットを通じた決済の利用（縦軸）と政治的自由（横軸）

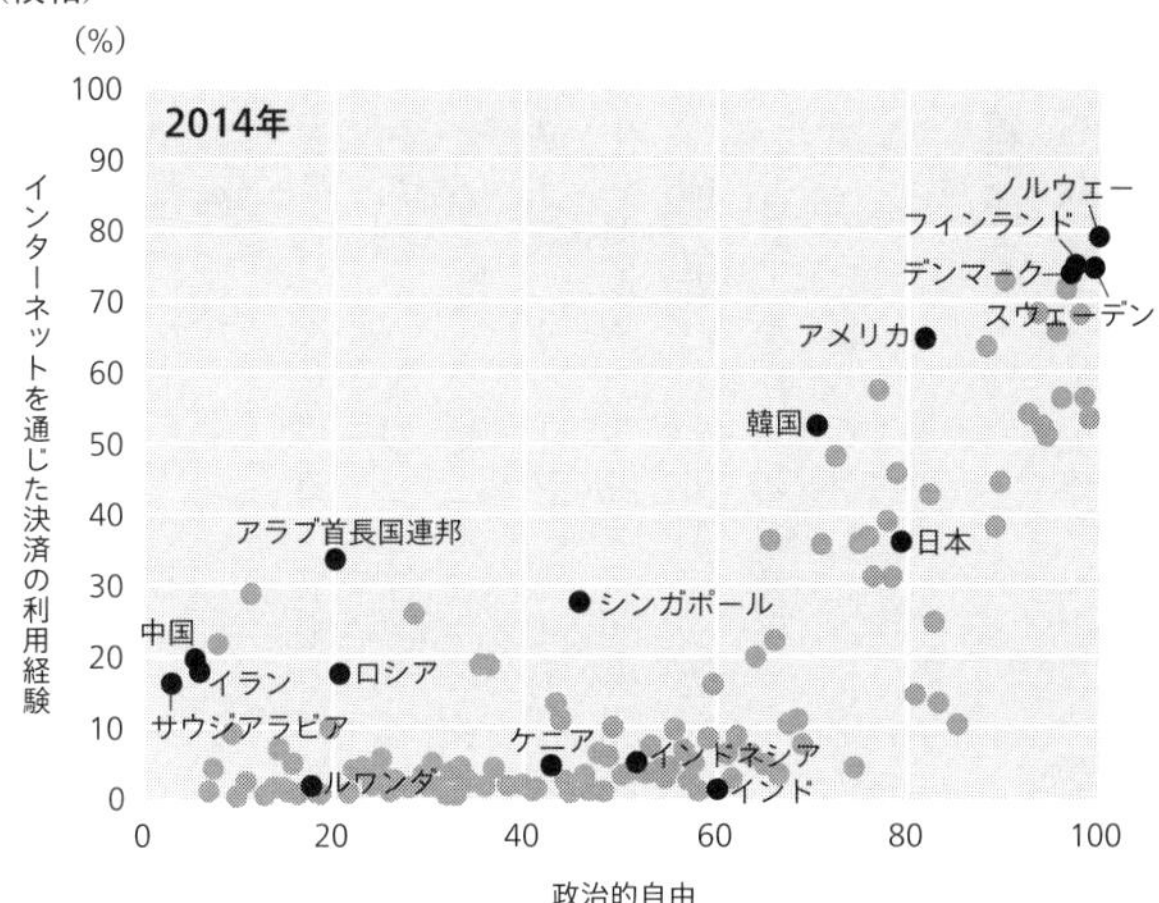

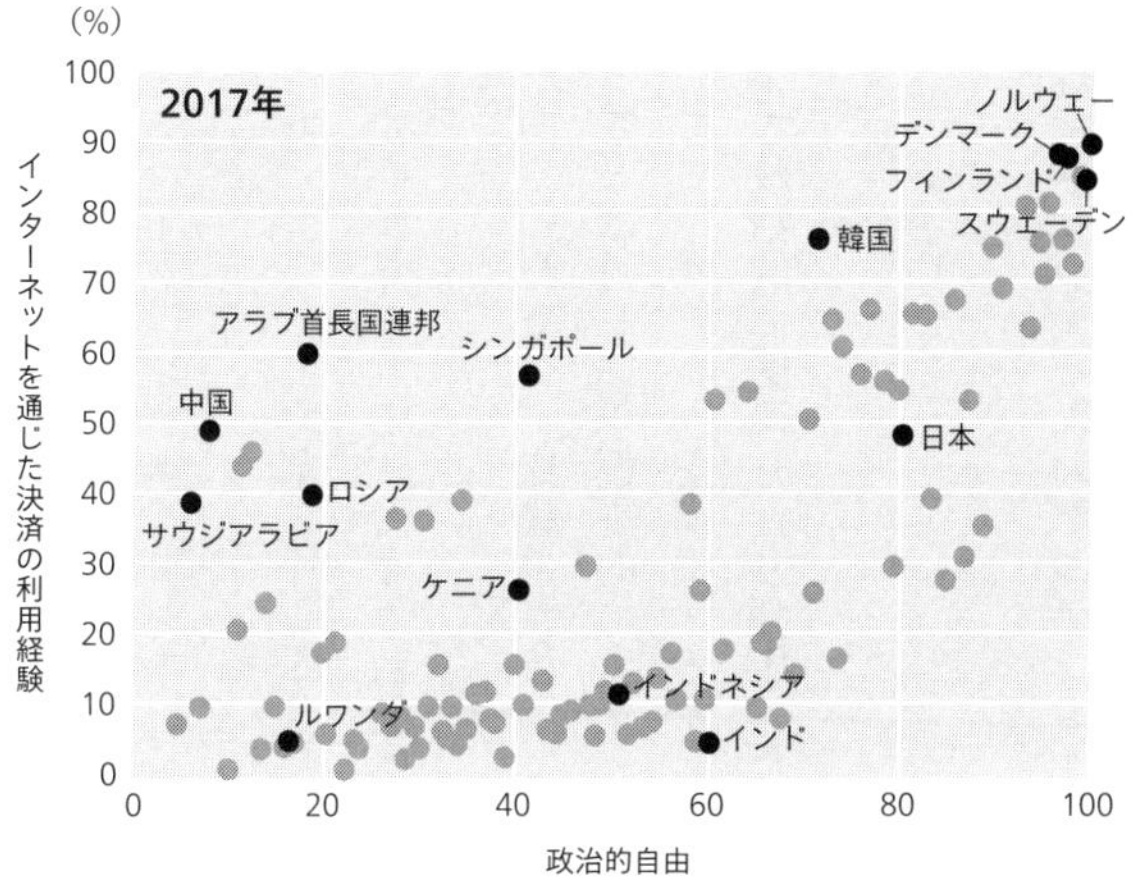

出所：Ito（2019）より。元データは世界銀行Global Findex DatabaseとWorld Governance Indicatorsより筆者作成

図表5-2では2014年と2017年を比較している。2014年時点では、明確な右肩上がりの傾向が見られる。右上の国々は政治的に自由であり、かつインターネットを通じた支払いが普及した国々である。ノルウェーや、デンマーク、スウェーデンといった北欧の国々が並ぶ。

2017年になると、図の左側中央部にも中国、ロシア、アラブ首長国連邦、サウジアラビアといった国々が並び、U字型あるいはJ字型の傾向が見られる。つまり政治的な自由が制限されている国々でも、オンライン上での決済システムが普及したことを意味する。「デジタル権威主義のJカーブ」とでも呼びうる事態である。ただし、権威主義体制においてもデジタル化が進んでいる現象の因果関係を検証することは難しい。仮説的に考えられるメカニズムは、権力者にとって国民の個人情報を収集してビッグデータを構築するインセンティブがあることだ。それゆえにプラットフォーム企業を政治的に優遇したり弾圧したりしながら、デジタル化を進めているという見立てである。

幸福な監視国家?

新興国のなかで、特定政党による統治が法的に規定されつつ、なおかつデジタル社会化が急激に進み、監視社会の問題も深刻化しているのが中国である。上記のフリーダム・ハウスの「インターネットの自由」指数では、2016年から2019年まで4年連続で、最も不自由な国と評価されている。2020年の時点でも、中国では大多数の外国のプラットフォーム企業のサイトやサービスへのアクセスが制限されている。検索エンジンのグーグル、SNSのツイッターやフェイスブックは利用できない。このため中国大陸でウェブ検索をするためには一般に百度や捜狗（ソウゴウ）が利用され、ツイッターの代わりに類似サービスであるウェイボーが、そしてモバイル地図アプリでは百度地図やアリババの高徳地図といったサービスが普及している。まさに第3章で述べた「輸入代替デジタル化」が実現している。

中国の状況は「監視国家」の代表格として扱われている。全国の監視カメラの数は6億台とも言われ、近年では新疆（しんきょう）ウイグル自治区における少数民族の監視のために、位置情報を捕捉する監視用のスマートフォン・アプリまでが導入されていることが報道された（Human Rights Watch, 2019）。

監視カメラによる直接的な監視、SNSサービス上での言論の監視と検閲に加えて、近年注目を集めてきたのは社会信用スコアである。社会信用スコアは、原理的には米国を含む国々でも採用されてきた金融スコアと類似したものだ。

アリババが提供する社会信用スコアサービス・芝麻信用（セサミ・クレジット）を事例として見よう。芝麻信用は350点から950点までのスコアが個人の履歴から算出される。

高いスコアを持つ場合には、関連サービスを利用する際にデポジット（預け金）が不要になる、不動産賃貸契約の際に敷金が減額になる、といったわかりやすい優待を受けられる。このほか、お見合いサイトと接続して異性とのマッチングの際に利用するケースもある。クレジットカードの支払い履歴や借入履歴から個人を評価づける仕組みと類似しており、加えてアリババ系サイトの利用履歴情報や、政府が公開している「失信被執行人リスト」（法律違反の賠償金などを支払わなかった個人に関するデータベース）が活用されているのが特徴だ。

この社会信用スコアは、監視のための道具と見なされがちであるが、実際にはその大部分を民営企業がサービスとして提供している。中国社会は、ジョージ・オーウェルのディストピア小説『１９８４』で描かれる個々人の自由が極度に制限された社会のようだと見られがちである。しかし中国人にも当然ながらデータプライバシーの意識はあり、サービス事業者が当該サービスに不必要な情報まで収集することを法的に規制するようになっている。また統制と監視が治安の改善という形で、個々人の幸福にもつながる形で技術の社会への実装が進んでいる面もある。このために現地での技術社会への受け止めは、一般にかなり楽観的なものだ。中国研究者の梶谷懐（かじたにかい）とジャーナリストの高口康太（たかぐちこうた）は、『幸福な監視国家・中国』で、市民も情報提供による利便性を享受していることに着目し、中国に特殊な問題にとどまらない普遍的な論点を引き出している（梶谷・高口２０１９）。

同書が指摘するように、中国社会で暮らす人々には、こうしたテクノロジーの運用によって治安が改善したことを評価する声が少なくない。確かに、個人認証されたスマートフォン情報や監視カメラネットワークが機能することで、犯罪者は瞬く間に逮捕される。

中国ではデジタル技術を応用した監視を強化しながら、同時に、人々の行動を「より良い方向」へと誘導するアプローチも採用されている。中国の一部地域で2019年頃から採用され始めた「道徳的な信用スコア」は、社会信用スコアとは異なって、スコアの運営側、すなわち政府が「望ましい」と考える行動に対してポイントを付与し、「望ましくない」行動ではポイントを減点することで、ゆるやかに人々の行動を誘導するアプローチが取られている。このような誘導は、目的は全く異なるが、行動経済学の分野で「ナッジ」と呼ばれるような行動変容を促す取り組みによく似ている（梶谷・高口2019）。

道徳的な信用スコアの取り組みは、いまだ試行錯誤段階にあり全国的な普及には至っていないが、いずれにしても中国はますます治安が良く「お行儀のよい」社会になりつつある。中国の「道徳的な信用スコア」には、国家による行動介入の「最先端」が示されているのかもしれない。

米欧日にも共通する問題

ここで重要なのは、利便性と個人情報の交換という観点では、他の国や社会とも地続きの問題を孕んでいる点である。中央の権威が多数の情報を掌握することが、効率的に「最大多数の最大幸福」を実現できるとした場合、特定個人の自由は制限されてもよいのだろうか（この問題は新型コロナウイルスの流行により顕在化した。第6章参照）。また一連のプロセスを政治的制度か、あるいは市民社会の立場から監督・制限する仕組みはあるのだろうか。

前述の『幸福な監視国家・中国』は、中国社会における市民社会の弱さが、効率的だがその決定の手順と理由が他者に説明されない統治の拡大を許す土壌になっていると解釈する。彼らが「アルゴリズムによる統治」と呼ぶこの現象は、アメリカの巨大IT企業が大量のデータを活用することで人々の接する情報が選別されたり、行動に介入される領域が拡大したりする場合にも生じうる。プラットフォーム企業に関しては、欧州で進むデータ規制に見られるように、国家権力（この場合には欧州連合）が規制を加えることで一定の歯止めが可能かもしれない。しかし国家が積極的にビッグデータを活用しようとするとき、そこには確かに利便性の向上もあるが、他方にプライバシー上の問題も深刻化する。日本でも、個人番号（マイナンバー）が普及していれば、新型コロナウイルス蔓延の際に、より迅速かつ非接触型での給付金配布ができたかもしれない。しかし同時に、個人の氏名、住所、銀行口座番号などの情報をいかに保護するかが課題となる。

本節では、インターネット上の情報制限が少なくない国々で進行しており、一方でそうした国々でもデジタル技術の普及が進んでいることを確認した。政治制度にかかわらず、権力側には人々を監視しようとする誘因が常にある。それに対して、制度的な仕組みや市民社会によって権力機構が監督されない場合には、デジタル化が容易に監視国家化につながってしまう。中国の事例からは、こうしたリスクの深まりが見られ、民営プラットフォーム企業の成長の裏で、特に国家がプラットフォーム企業の統制を通して人々を監視する事態が危惧される。同時に、プラットフォーム企業と市民の関係に目を向けると、個人情報と利便性の交換という問題は、政治体制を問わず日本を含む多くの国が直面している問題であることも忘れるべきではない。

2　フェイクニュースと操られる民主主義

ポスト・トゥルースの潮流

問題は権威主義国家にとどまらない。世論の形成に際して、客観的事実よりも感情や個人の信念への訴えかけが重視される現象を指す「ポスト・トゥルース」という言葉がある。民主主義的制度を採用している国々でも、デジタル化の進展は「ポスト・トゥルース」の潮流と相まって思わぬ帰結を招いている。

まず個人データを徹底的に活用した選挙活動への介入が見られる。イギリスのシンクタンク・デモスに所属するジェイミー・バートレットは、英国の調査会社ケンブリッジ・アナリティカが2016年のアメリカ大統領選挙の際に、トランプ陣営の選挙運動をサポートした事例を取り上げる（バートレット2018）。それによると、ケンブリッジ・アナリティカはフェイスブックが保有する膨大な個人データを活用して、激戦州でトランプへの投票を「説得可能」な有権者1350万人を特定した。そのうえで個々人の性格や信条に応じた宣伝を見せ、トランプへの投票を説得しようとした、という。一方、アメリカ社会科学研究会議に所属する政治学者であるクリス・ステラ・トランプは、こうした個人データを用いて介入しても、人々の現実の投票行動に大きな影響を与えることは容易ではないと見る（Trump, 2018）。真実は明らかになっていないが、過去には考えられなかった精度の個人情報を用いた介入が、実行可能になっていることは事実だろう。2020年11月のアメリカ大統領選に向けても巨額の広告費が投じられている。

もう一つの問題は、フェイクニュースと呼ばれる虚偽情報の蔓延である。ポスト・トゥルースの象徴ともいえる現象だろう。フェイクニュースはどの程度、世界で蔓延しているのだ

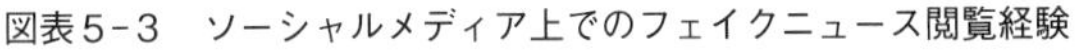
図表5-3　ソーシャルメディア上でのフェイクニュース閲覧経験

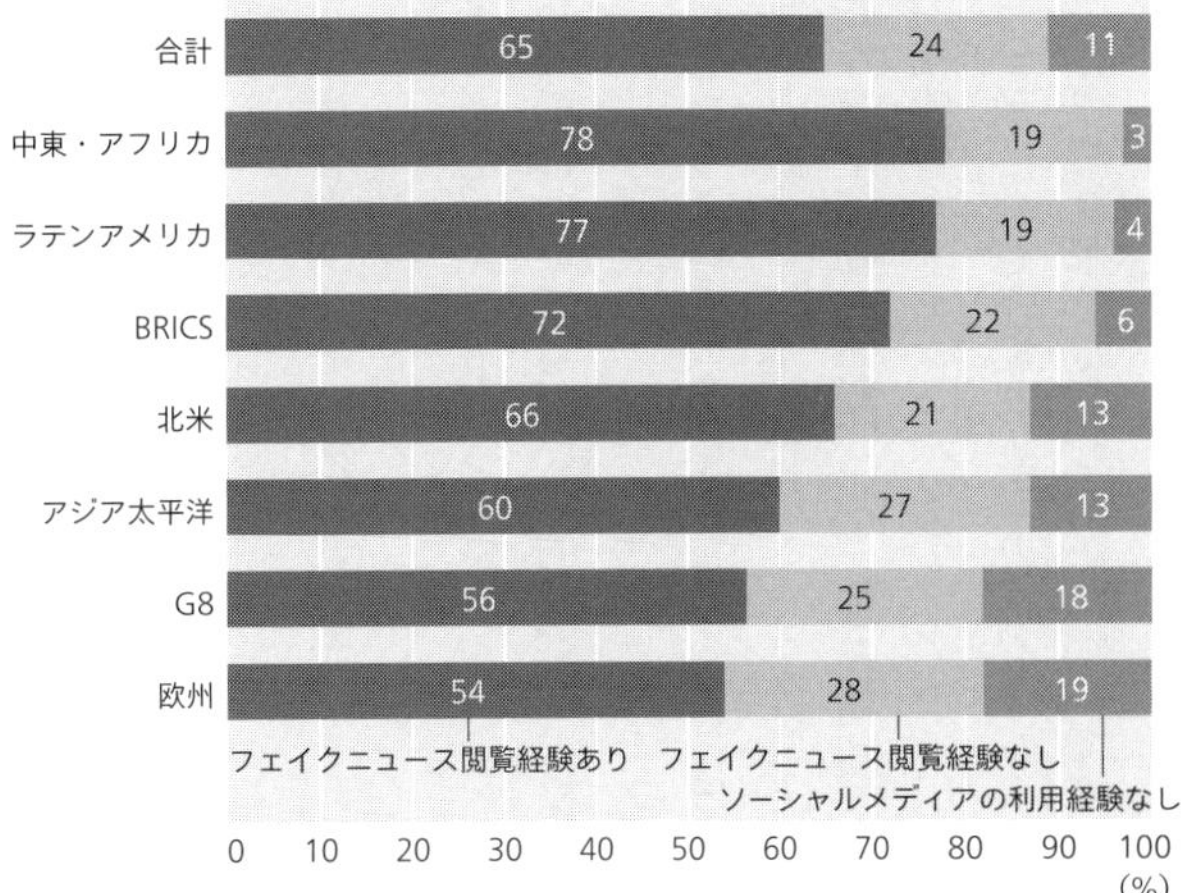

注：調査機関は2018年12月21日から2019年2月10日。一国当たり約1000名の主にインターネット・ユーザーに調査を行い、総サンプル数は2万5229。調査対象25か国・地域は、オーストラリア、ブラジル、カナダ、中国、エジプト、フランス、ドイツ、イギリス、香港、インド、インドネシア、イタリア、日本、ケニア、メキシコ、ナイジェリア、パキスタン、ポーランド、ロシア、南アフリカ、韓国、スウェーデン、チュニジア、トルコ、アメリカである
出所: CIGI-Ipsos（2019）、Q26の回答より筆者作成

ろうか。調査会社イプソスが、インターネット・ソサエティー（ISOC）と国連貿易開発会議（UNCTAD）との協力のもとで、25か国・地域のインターネット・ユーザーを対象として実施した「グローバル・インターネット安全・信用調査」の結果を見てみよう（図表5-3）。

それによれば調査対象者の65%がソーシャルメディアでフェイクニュースに遭遇した経験があると答えている。なかでも、新興国ではより深刻である。先進国（G8）諸国

では56％、欧州では54％と若干低い一方で、中東・アフリカでは78％、ラテンアメリカでは77％となっている。国別では、ナイジェリアでは実に87％、インドネシアで83％、ケニアで81％の回答者がフェイクニュースの閲覧経験があると回答しており、これらの国ではソーシャルメディア上の情報の信頼性が著しく低い。自らフェイクニュースを閲覧したと認識していない場合もあると考えられるが、それにしても80％超という状況は深刻である。

東南アジアの「ストロングマン」

新興国においても、民主的な選挙を採用している国は少なくない。そうした国々の多くで、近年、選挙運動中のメディアやサイトアクセスへの介入、そしてフェイクニュースが深刻な問題となっている（Freedom House, 2019; Asia Center ed., 2019）。インドネシアの場合、2019年4月の大統領選では、ジョコ陣営とプラボウォ陣営がともにソーシャルメディア上で積極的な選挙運動を展開した。選挙期間中、「ジョコ大統領は共産主義者である」といった扇動的な情報もソーシャルメディア上で広くシェアされた。最終的には選挙運動前の支持率とほぼ一致した選挙結果となり、ジョコ大統領が再選されたため、こうしたフェイクニュースがどこまで結果を左右したかは定かではない。それでも選挙キャンペーンを通じて、有権者が元々支持していた候補をより強く支持する傾向が見られ、社会の分断が深まった（岡本2

019）。同時にインドネシアは政府としてデジタル化に意識的で、今回の大統領選でジョコ陣営がビッグデータを活用して世論の分析に努めたのみならず、2017年のジャカルタ州知事選挙以来、インドネシア政府の通信情報省がフェイクニュースを発見・監督する仕組みを導入している。

東南アジアでは2000年代以降、強い政治的リーダーが台頭し、政治研究者からは「ストロングマン」の登場とも呼ばれている（外山・日下・伊賀・見市編著2018）。政治的に強いリーダーが求められ、そして登場する背景には、一義的には国内の開発問題や格差問題での意見の対立があるだろう。加えて、社会のデジタル化が進行して多くの人々が情報端末を持つ時代に入り、人々が思わず読んでしまうようなセンセーショナルな見出しをつけた記事や、過激な言論と主張が拡散する状況が生まれている。このことも「ストロングマン」の登場の一因なのかもしれない。

取締法のリスク

それでは情報化を進めながらも、社会の透明性を保つためには何が必要だろうか。理想論としては、政府、メディア、プラットフォーム企業が共同でフェイクニュース対策に乗り出し、さらに市民社会がそれをモニタリングするという取り組みが考えられる。しかし特定政

写真5-1　取締法の審議中に掲示されていた、フェイクニュースの拡散を警告する広告（AP/アフロ、2018年3月29日、クアラルンプール）

権や政党、さらには特定個人（ストロングマン）に権限が極端に集中しているケースでは、この仕組みが機能しない。フェイクニュースを恣意的に「認定」することで、言論の自由が制約されることも十分起こりうるからだ。

例えば前述のタイなど東南アジアを中心に、他の国々でも近年フェイクニュースを取り締まる法律が相次いで制定された。マレーシアでは２０１８年４月に、シンガポールでは２０１９年５月、ロシアにおいても２０１９年３月に法案が可決された。しかしこうした法的な監督と取り締まりが適切に機能する保証はない。なぜならば「誰がどのようにフェイクニュースと認定するのか」という問題があるためだ。

マレーシアでは２０１８年の総選挙直前にナジブ政権が、フェイクニュースを発信した個人や団体に最高50万リンギット（約1400万円）の罰金または6年以下の禁固刑を科す法案を可決した（写真5-1）。しかし2019年10月にはマハティール政権のもとで、恣意的な運用のリスクがあるとして廃止された。政治制度上、特定政権や個人の権力への歯止めが弱く、また市民社会からの意見表明の余地が小さい場合、デジタルツールを活用した選挙運動はネガティブな影響を増幅させる可能性が高い。

SNS上での情報戦

ソーシャルメディアが普及することで、軍事的緊張や衝突の意味合いも変貌しつつある。事実としての衝突よりも、物理的被害が「どう伝えられ」「どう解釈されるか」という側面がより影響力を持つようになり、ますます報道戦、情報戦の様相を呈してきているのだ。この様子を生々しく伝えるのが、中東ジャーナリストのディヴィッド・パトリカラコスの『140字の戦争』である（パトリカラコス2019）。

2014年7月のイスラエル地上部隊によるパレスチナ侵攻の際、パレスチナ側では当時16歳の少女、ファラ・ベイカー（@Farah_Gazan）が空爆の惨状をツイッターで発信し、注目を集めた。ファラ・ベイカーの発信が国際報道で頻繁に引用されることで、イスラエル政府側の広報を時に凌駕する状況が生まれた。武力でまったく勝ち目のないパレスチナが、「ナラティブ（語り）」では国際報道の次元で強い影響力を持ったのである。対抗策として、2014年にイスラエル国防軍の報道部隊はグラフィックデザイナー、動画撮影チーム、編集者、ライターを組織して、パレスチナ側の「ナラティブ」に対抗する「カウンターナラティブ」チームを立ち上げた。

特定の政治的目的を果たすための情報を「生産」し、積極的に広める動きも見られる。ロシアのサンクトペテルブルクの「トロール工場」の事例では、ロシア政府と意見が対立するアメリカやドイツの指導者、そしてウクライナの政治家を揶揄する風刺画を作成し、新たに立ち上げたウェブサイトに記事を掲載した。また、ライターが1人当たり1日800文字の記事を20本分、ロシア側に有利な表現に微調整したり書き直したりして投稿し、月給900ドルを得ていた。およそ60人が「ニュース部門」に所属していたため、この拠点から1日当たりおよそ1200本の改変されたニュース記事が発信されていたことになる。

新興国の一部の貧しい地域では、「フェイクニュース製造村」までも生まれている。報道によれば、マケドニアのヴェレスという町には架空のストーリーをネット記事として執筆し、そのアクセス数および広告によって収入を得る人が多く集まっている。「速報　ドナルド・トランプが心臓発作で死亡」といったショッキングなタイトルに、偽造された写真までが添付されたものだ。こうしたフェイクニュースで、時にはこの町の1年分の収入に当たる約60

万円の広告収入を得る人もいるという。特定の政治権力からの指示がなくても、単に広告収入を目当てにフェイクニュースを作る人が登場するのが、デジタル経済の闇の部分である。

以上のように、本来真実を伝える手段になると期待されていた道具が、虚偽の情報の流布や、特定の政治的目的のための介入手段と化している。情報端末の普及は、人々が接する情報量を増やすだろう。しかしその情報の精度は保証されていない。提供される情報が正しいものか、公正なものか、透明性を確保しながら確認する作業が必要だが、そのような仕組みは技術そのものが提供するものではない。

3　米中「新冷戦」とデジタル化

デカップリングと5G

2018年以降に顕在化したアメリカと中国の対立もまた、新興国のデジタル化の未来を考えるうえで重要な論点となっている。「新冷戦」とも呼ばれる状況は、新興国に新たな踏み絵を迫るかもしれない。「貴国はどちらの設備を導入するのか」といった具合だ。

当初、米中両国の問題は「米中貿易摩擦」と呼ばれ、①アメリカ側の貿易赤字、②中国における国有企業への補助金、③中国における知的財産権の侵害、この3点が主な構成要素であった。しかし2018年10月4日にマイク・ペンス米国副大統領がハドソン研究所で行った演説に代表されるように、技術開発や人権問題、そして国際秩序の問題までが含まれるようになった。事態の深刻化にともなって、「米中対立（US-China Confrontation）」そして「米中戦略的競争（US-China Strategic Competition）」と呼ばれるようになった。

中国によるアメリカへの直接投資や、機微技術の持ち出し、そして留学生にまで規制強化の範囲が広がり、この結果、にわかに議論され始めたのがデカップリング（分断）論である。デカップリングとは、経済面と技術面での米中の分断を意味し、技術、人材、投資、資本市場、通貨の面での対立が顕在化している（Rudd, 2019）。同じくペンス副大統領の2019年の演説ではデカップリングの可能性は否定されたものの、法的措置をアメリカ政府が進めていることから、現実味を否定することも難しい（西村2019）。2019年12月に世界各国の国際関係の専門家を集めて開催された「東京グローバルダイアログ」では、復旦大学の沈丁立教授が、米中の間で軍事的衝突が回避されればよいとして、目下の状況をコントロールするうえでは「平和的デカップリング」が検討に値すると述べた。分断はやむなし、との認識である。

では米中「新冷戦」の時代の新興国に、趨勢としてのデジタル化が合流した地点には何が生まれるのか。仮に米中いずれかの基幹的デジタルインフラの導入を二者択一せねばならない状況となったとき何が起きるだろうか。第三国にデカップリング問題が関わる如実な例は、華為技術（ファーウェイ）の第五世代移動通信システム（5G）の設備をめぐる問題である。

5Gは超高速通信、低遅延（通信による時間ずれが小さい）、多数の機器接続、という特徴がある。情報端末と通信の低価格化にともなって、従来は人と人のやりとりのために利用されてきた通信が、機械と機械の間の通信にも広がっていく。そして5Gは自動車の自動運転といった次世代産業の根幹を担うと期待されている。そのためアメリカが国内の5G市場からファーウェイを排除する一方で、ドイツは排除しない方針とされてきた。このように先進国の間では対応が分かれているが、新興国はおおむね次世代技術をリーズナブルなコストで提供するファーウェイを歓迎している。南アフリカのシリル・ラマポーザ大統領の言葉は生々しい。「ファーウェイだけが我々を5Gへと導いてくれる」（2019年7月5日南アフリカデジタル経済サミットにて）。2019年末まで、東南アジア地域では、インドネシア、タイ、マレーシア、カンボジア、ミャンマーで国内の通信事業者がファーウェイや中興通訊（ZTE）といった中国企業と連携して次世代通信設備の整備に向けて動き始めている。

中国のデジタル・シルクロード

昨今注目を集めてきた、中国の習近平（しゅうきんぺい）政権が提唱する広域経済圏構想「一帯一路」にも、デジタル関連の領域が含まれる。「デジタル・シルクロード」あるいは「デジタル一帯一路」と呼ばれる領域である（伊藤2018、2020）。「一帯一路」構想は当初、ユーラシア地域において、道路や鉄道、そして港湾インフラといった目に見える物的なインフラの接続性を高める狙いがあると考えられてきた。中国から見て、地理的には「西へ」、分野的には自らの強みとする物的生産量と資金力を活かす狙いである。

しかしその後の展開を見ると、電子商取引の普及といった民間主導の動きに加えて、衛星情報の共有、光ファイバーの敷設といったデジタル経済の階層のなかでの物理層（第4章の図表4-1参照）におけるプロジェクトも目立ってきた。加えて近年、アプリケーション層、ミドルウェア層でも中国企業の対外進出は進む。こうしたデジタル領域に目を向けると、貿易投資の領域にとどまらない中国の影響力の拡大の可能性を視野に入れておく必要がある。

デジタル・シルクロードで当初、政策的に重視されたのは物理層であった。中国政府が2015年3月に公表した一帯一路の構想文書には次のように記載されている。

「国境を越えた光ファイバーケーブルやその他の基幹的通信ネットワークの建設を共同で促進し、国際通信の相互接続性のレベルを向上させ、「情報のシルクロード」を円滑につなぐ。二国間の越境光ファイバーケーブルの建設を加速し、大陸間海底ケーブル事業の建設を計画し、衛星情報チャンネルを改善し、情報交換と協力を拡大させる」

さらに２０１７年5月に北京で開催された「一帯一路国際協力サミット・フォーラム」では、開幕式の習近平演説のなかに「デジタル・シルクロード」の表現が登場した。「イノベーション駆動型の発展を堅持し、デジタル・エコノミー、人工知能（ＡＩ）、ナノテクノロジー、量子コンピューターなどの先進的領域での協力を進める。ビッグデータ、クラウド・コンピューティング、スマートシティー建設を推進し、21世紀のデジタル・シルクロードをつなぎ合わせる」（習近平演説２０１７年）

中国の通信企業の海外展開は以前から進展していた。ファーウェイとＺＴＥは、アフリカをはじめとした新興国で２０００年代から通信設備の建設プロジェクトを受注してきた。そして２０１０年代に入り、アリババを筆頭として、アプリケーション層やミドルウェア層での海外展開も進んでいる。アリババの電子商取引プラットフォーム・アリエキスプレス（Aliexpress）は、ロシアや東南アジアで多くのユーザーを獲得し、中国製品を購買するルートとなっている。

ロシアでは２０１９年6月に、同国の大手企業3社（通信大手メガフォン、インターネットサービス企業メール・ルー・グループ、ロシア直接投資基金〔ＲＤＩＦ〕）がアリババと共同出資してアリエキスプレス・ロシアを設立した（蓮見２０１９）。アリババとロシア側企業（メール・ルー・グループ）から1人ずつ社長を選出する共同社長制を取り、議決権ではロシア側が52・3%を持つ。

中国の大手IT企業は新興国のユニコーン企業に対しても積極的に投資を続けており、加えてアリババの創業者である馬雲（ジャック・マー）は、自らの財団（ジャック・マー財団）を通じてアフリカをはじめとした新興国の企業家育成を支援している。また第3章でも取り上げた通り、アリババはインドでも事業を拡大しており、加えてスマホ市場では小米科技（シャオミ）が高いシェアを獲得してきた。

こうした中国企業の海外展開をめぐっては、米国をはじめ各国で警戒感が高まっている。ワシントンのシンクタンク、フリーダム・ハウスが発行したレポートは、中国は少なくとも18か国に対して、公的な秩序への脅威を特定できる高度な監視システムを輸出しており、36か国で言論の自由を抑圧しやすい状況をもたらしていると評価する。中国でテクノロジー系の展示会に行くと、写真5-2のような展示をよく目にする。これは都市に設置された各地の監視カメラやセンサーからの情報を統合的に把握するコントロール・ステーションである。中国ではIT企業が、こうしたサービスを積極的に国内外に販売している。「この都市の犯罪発生件数を減らしたい」という需要があれば、そのための供給が生まれる。こうしたシステムの納入を制限することは難しいだろう。広く市民の合意を得たうえで監視システムが導入されるのであれば問題は小さいと考えられるが、運用と実装の仕方はそれぞれの国の運営

写真5-2　都市内可視化ソリューション（2019年5月、筆者撮影）

事業者に委ねられている。

デジタル領域での中国の影響力

　では中国が影響力を拡大することで、地域の秩序は変貌していくのだろうか。白石隆とハウ・カロラインは『中国は東アジアをどう変えるか』で、「一帯一路」構想の始動以前の時期について、拡大が続く中国の経済的・政治的影響力を検討している（白石・ハウ２０１２）。重要な指摘は、東南アジア諸国のなかでも、国際的な経済・貿易体制へと深く統合されている国は、中国以外の経済大国との関係を維持することで、中国から影響力を限定づけ、回避する（ヘッジする）一方で、国際貿易との結合が深くない国々、例えばカンボジア、ラオス、ミャンマーといった国々では中国の影響力は相対的に強まる、というものだ。既存の製造業分野や貿易財分野では、日本や欧米企業の役割が大きく、こうした想定が成り立ちそうである。

ただしデジタルの領域に目を向けた場合、新興国（あるいは第三世界）における中国の影響力は製造業や一般的なインフラ建設よりも強く現れる可能性がある。なぜなら、とりわけデジタルの物理層ではファーウェイ、ZTEが、そしてアプリケーション層およびミドルウェア層ではアリババ、テンセント、バイトダンス（字節跳動）、シャオミといった企業が、世界でも指折りの有力な選択肢を提供しているからだ。

例えば、5G通信システムの設備の場合、ファーウェイの基地局は小型かつ高性能だとの評価を得ている。また携帯電話の領域でもシャオミやファーウェイの端末は新興国市場に食い込んでいる。アプリケーション層では、バイトダンスのショート・ムービー・アプリTikTokは、2020年4月時点までに全世界130か国以上に展開し、利用者は8億人に達した（月に一度は利用する月間アクティブユーザー、MAU）。道路建設や一般的な建設資金の調達であれば中国以外の選択肢を容易に選べるのに対して、5G基地局の建設や電子商取引、決済システムの導入といった領域では選択肢が限られる。このために中国企業が提供する設備やサービスが魅力的な選択肢の一つとなるのである。

中国共産党はそのゲリラ戦の経験から「農村から都市を包囲する」戦略を学んだ。196

0年代にはアジア、アフリカ、南米を「世界の農村」と捉え共産主義を輸出し、「世界の都市」たる北米と西ヨーロッパを「包囲」しようとの構想があった。当時の中国の経済力からすれば限界は明らかであったが、2020年代の中国の経済力と技術力を考えると、デジタル領域での影響力の拡大は不可避だろう。

空撮の民主化、空爆の民主化

「脆弱国家（fragile state）」と呼ばれる、国家の統治機構が機能不全に陥っている国々でもデジタル化は進む。より深刻な「崩壊国家」――領土内で紛争が断続的に発生し、公共サービスが提供できないなど、近代的国家が機能不全に陥っているか、あるいは実質的に国家権力による統治が及んでいない地域――でも携帯電話とデジタルサービスは普及しつつある。アフガニスタン、シリア、ソマリア、ナイジェリア、エチオピアなどが「脆弱国家」の典型例とされるが、エチオピアでも少なくとも首都にはベンチャー企業を育成するエコシステムが立ち上がっている。こうしたベンチャー企業が取り組むのは、農業用水のモニタリングや、現地の病院向けの管理システムの開発などだ。

脆弱国家のデジタル化の帰結もまた、可能性とリスクを内包している。

例えば新たな決済手段の広がりは、市民生活を防衛する手段になっている。国民が自国の法定通貨の価値を信用しなくなった国では、これまで米ドルが代替的な通貨となる事例が見られてきた。かつてのカンボジアでもドルが紙幣として市中に流通していたが、現在、南米のベネズエラでは、デジタル決済システム・ゼル（Zelle）を用いたドル決済が広がっている。加えて仮想通貨・ビットコインの利用も広がっており、ベネズエラは時期によってはアメリカ、ロシアに次ぐビットコインの取引量（個人間のピア・ツー・ピア取引）を記録した（坂口２０２０）。法定通貨の価値が劇的に低下するハイパーインフレや政治的な危機のなかで、相対的に価値が安定的なドルやビットコインを利用することは理解できる。

一方で公的権力が統治する力が弱い地域ではテロリスト集団が、例えばサイバーテロやフェイクニュース流布の手段としてデジタル技術を「利活用」することも十分ありえる。なかでも軍事技術と表裏一体のいわゆる「両用技術」の領域では、こうしたリスクが大きい。両用技術の具体的な現れの一つがドローンである。ドローンは通常、複数のプロペラが搭載された機体を持ち、搭載電池の軽量化、モーターの機能強化、そして常時バランスをとる計算能力を得ることによって２０１０年代に入って自律飛行が可能となった。コンピューターの領域では、メインフレームと呼ばれるフロアを占拠する機械から、パーソナル・コンピューターの時代、そしてスマートフォンへと「コンピューターの民主化」が起きた。これと対比すると、空では2億ドルの民間旅客機、５００万ドルのヘリコプターから、現在では７００

ドルのコンシューマー（民生用）・ドローンまで選択肢が広がったのである。小型のドローンは空撮からインフラ点検、農薬散布、アミューズメント、物流へと用途が広がっている。

より長距離を飛行する必要がある場合には、飛行機型（固定翼型）のドローンもますます安価に調達できるようになった。このドローンに、テロリスト集団がプラスチック爆弾や手榴弾を搭載すれば、それは無人空爆の道具ともなる。実際にシリア、イラク、ウクライナといった紛争地域ではこうした事例が報告されている。２０１８年１月には、シリアのアサド政権を支援するために展開するロシア軍のフメイミム空軍基地とタルトゥース海軍基地を、小型爆弾を搭載した合計13機の固定翼ドローンが攻撃した。ロシア国防省がフェイスブック上で公開した写真を見る限り、機体はきわめて簡素である。プラスチックと木材を使って組みあげられた機体に、小型のガソリンエンジン、ＧＰＳセンサー、モーター制御の爆弾落下装置と小型爆弾が装着されているのみである。これらの部品は数千ドルで購入できてしまう。

高性能のカメラを搭載したドローンが７００ドルで購入できるようになったことは「空撮の民主化」をもたらした。しかしその隣には数千ドルで世界有数の軍隊を奇襲できる「空爆の民主化」が同居している。

デジタル化の「いいとこどり」は可能か

デジタル技術の革新と普及は、課題解決と飛び越し型の発展という可能性をもたらすだけではない。第4章で検討したように労働を代替し、そしてインフォーマル化させることで、社会をより脆弱に変えていく可能性もある。また本章で検討したように、権威主義体制と結合し、また民主主義国家において虚偽情報の流布を通して選挙活動に負の影響を与えるようになっている。

「ビットには匂いもない、倫理もない」。本書で何度か言及したニコラス・ネグロポンテは『ビーイング・デジタル』のなかで言う。確かにインターネット技術そのものは、情報を伝えることでより透明性の高い社会につながるものだ。しかし人は技術を目的のために活用する。権力者は権力の維持のために、選挙候補者は選挙での自らの得票数を高め対立候補の得票数を下げるために、紛争当事者は自らの立場を国際世論に訴えるために。技術が闘争に勝利するための手段となるのはいつの時代も不可避だ。新興国がデジタル化する時代とは、その手段が数十億の人口を擁する地域に広まったことを意味する。

残念ながら、この流れは不可逆的である。ビットを叱っても意味がない。考えるべきはデジタル技術を排除することではなく、それをどう活用していくかである。デジタル技術をどう使うか、そして負の効果をいかに軽減するかを考える必要がある。

それでは、果たしてデジタル化がもたらす可能性と利便性を最大化し、脆弱性とリスクを最小化させるような「いいとこどり」は可能なのだろうか。フェイクニュースをめぐる問題では、メディアや第三者機関によるファクトチェック（事実確認）の必要性が指摘されている（笹原2018）。原理的には特定政権や政治集団から独立した機関が各国で成立し、ファクトチェックを実施することが望ましい。

しかし現実には、前述のとおり、フェイクニュースを認定する機関や人物が特定政権の影響を強く受けるケースが見られる。この場合には「事実に基づく報道」という概念そのものが政治的弾圧の道具となってしまう。また逆に、デモや抗議活動を行う民衆側がフェイクニュースを武器として権威主義体制に「対抗」するような状況では、第三者機関によるファクトチェックという「正統性」があるように思われる取り組みや「法治」という言葉自体が、むしろ権威主義体制にとって好都合な道具になる。「いいとこどり」はかくも難しいが、それでも対処を考えなければならない。

第6章　共創パートナーとしての日本へ

1　可能性と脆弱性の行方

本書の主張

デジタル化は新興国の経済だけでなく、社会や政治にも大きな地殻変動を起こしつつある。インドや中国、そしてインドネシアといった人口大国では有望な新興企業を生み出した。人口規模の小さな国々においても、現地の課題解決に貢献するようなサービスが登場している。新興国のデジタル化は、地球に住む大多数の人口を占める地域で、2010年代後半に巨大な実験が始まったことを意味する。一方、デジタル化が雇用形態を変え、また国家による監視を強化する面からも目を背けることはできない。

第1章で提示した仮説にひきつけて、改めて本書の主張をまとめておこう。「デジタル技術による社会変革は、新興国・途上国の可能性と脆弱性をそれぞれ増幅する」

情報端末の低価格化とインターネットの普及によってデジタル化は進んできた。この結果、第2章で解説したように、プラットフォーム企業の登場は、取引のマッチングを促進することを通じて、「上からの課題解決」をもたらしている。これに対して、ICT／IoT端末の普及は、病院などの公的機関の運営効率化、農業分野における生育状況の把握、3Dデータによる新たなサービスの提供といった様々な局面で活用されている。本書ではこれを「下からの課題解決」と呼んで整理を試みた。さらに新興国は「後発性の優位」を活用するだけでなく、自国市場を苗床とした有望ベンチャー企業を育て、飛び越え型の発展を実現しつつあることを第3章で論じた。

第4章と第5章では、脆弱性の面にも目を向けた。自動化による失業の可能性や、政治的権利が制限された国々における監視社会化、そして報道機関と市民社会が弱い国々におけるフェイクニュースの蔓延である。

デジタル化の進展によって雇用が失われるのではないか、という議論が注目を集めてきた。だが第4章で示したように、同時に雇用を創出する面、そして雇用の形態を変容させていく面にも目を向ける必要がある。新たに作り出される雇用が社会保障制度の枠外に置かれたインフォーマルなものになることが懸念されてきた。しかし新興国の文脈からすると、現地の労働者からすればあまり違和感のないものかもしれない。現地では、これまでもインフォーマル雇用が一般的であったためである。

また第5章で見たように、政治的自由が制限された国々でもデジタル化が進展しており、例えばインターネット支払いの指標からは「デジタル権威主義のＪカーブ」とも呼べるような現象が見られた。「個人情報と利便性の交換」は普遍的な問題であるが、国家がプラットフォーム企業を通じて社会を監視する試みは権威主義体制で深刻化している。ソーシャルメディア上でのフェイクニュースの動向に目を向けると、中東やアフリカ、ラテンアメリカ地域、そして東南アジア地域では、フェイクニュースに接したとする回答が多い。

新興国のデジタル化は、発展戦略としていかなる特徴を持つのか。本書では、新興工業国の発展パターンを念頭に置きながら議論を進めてきた（図表６－１）。工業化を進めるにあたり、人材面では初等中等教育を前提として、インフラ面では電力や輸送といった物理インフラを基盤として、金融面では中小企業への金融支援と外国直接投資の受け入れを通じて、国際的な生産ネットワークに参画する輸出志向型の発展戦略が推奨されてきた。

それに対して、デジタル化を進めるためには、人材面ではＩＴ技能を持つ人材を育成し、インフラ面では通信インフラだけでなく、電子個人認証制度の整備も求められる。金融面で

図表6－1　工業化戦略とデジタル化戦略の対比

	工業化のための仕組み	デジタル化のための仕組み
人材・技能	初等中等教育、職場での技能蓄積	デジタルリテラシー、データサイエンティスト教育、起業家教育、リカレント（生涯）教育
インフラ	水道・電力・ガス供給網、輸送インフラ（道路、鉄道、港湾）	通信インフラ、クラウドサービス、電子個人認証制度、オープンAPI
金融	中小企業金融、外国直接投資、大型プロジェクトへの政策金融	ベンチャー投資、キャッシュレス決済等のための規制緩和
支援制度・政策	脱輸入代替政策、輸出加工区（工業団地）、自由貿易協定、知財制度整備	インキュベーション施設（アクセラレーター等）、サンドボックス制度、プライバシー・データ法制、ファクトチェック機関

出所：筆者作成

は、急速な成長を目指すベンチャー企業育成のために、ベンチャー投資や支援機関（アクセラレーター等）も必要となる。そして多くの試行錯誤を推奨するうえで、起業を容易とし、規制を時限的または地域的に緩めるサンドボックス制度のような取り組みも有効になる。

このように対比させると、工業化のために必要とされる一揃い（ひとそろい）の仕組みと、デジタル化のための支援パッケージは異なる。それゆえに、新興国がデジタル化を実現するうえでは、こうした一連の要素を拡充できるかが問われる。これが「デジタル化の社会的能力」である。この能力は先進国においても問われていくはずだ。

再定義される「新興国」、そして「先進国」

新興国のなかでデジタル社会化を加速的に実現し

つつある国々と、そうでない国々があることにも気が付く。中国、インド、そしてインドネシアといったアジアの人口大国だけでなく、エストニア、ケニア、ルワンダといった国々でも注目を集める事例が生まれている。これらの国々は所得水準でも、地域でも一つのグループに入ることはない。しかし、「新興工業国（Newly Industrializing Countries, NICs）」の概念を想起すれば、「デジタル新興国（Digital Emerging Economies, DEEs）」という新たな概念を設定することで一つのグループに入ってくる。

もう一歩踏み込んでいえば、「新興国」、ひいては「先進国」の定義自体も質的な変貌を求められる。これまで「発展途上国」「新興国」を議論する際、成長率のほかに、それらの国々の構造変化の原動力にも目が向けられてきた。工業化水準、資源の賦存状況、人口と市場、発展戦略といった面である。今後は、デジタル化を積極的に実現できる国々とそうでない国々、さらにデジタル化の可能性を十分に引き出せる国々と脆弱性を顕在化させてしまう国々に、分化していくかもしれない。経済、都市、あるいは国家の「新興」や「先進性」という意味を考えるうえで、本書で検討してきたようなデジタルな面も考慮する必要が生まれつつある。デジタル化が「新興国」と「先進国」の定義自体を変容させつつある。

バイクタクシーの存在や犯罪率の高さなど、新興国ならではの環境ゆえに、デジタル技術の活用の方向性は先進国とは異なる。そしてスーパーアプリの登場に見られるように、新興国で有効性が確認されたアプローチが、先進国を含む国々に伝播するような事例も一部見られる。新興国におけるデジタル化のアプローチと経験自体が「横展開」し、また先進国にも「逆輸入」されることを通じて、グローバルなデジタル化のパターン自体も変貌するかもしれない。QRコードを決済に使う発想は、少なくともその技術の発祥の地である日本からは生まれなかった。多くの参加者による試行錯誤が革新を生む。

広い意味での新興国のなかでも、デジタル化の進展が比較的緩慢な国々が現れることも不可避だ。本書では、筆者の知見の限界から東アジア、南アジア、アフリカの事例を取り上げるにとどまった。しかし人口規模とインターネット利用時間の面からは、ラテンアメリカのブラジル、メキシコ、コロンビア、アルゼンチンに、そして資金力の面からは中東地域の産油国にも注目が必要である。中東地域では、オイルマネーを新興産業育成に投資することで産業構造の脱石油化を目指す動きが見られる。ドバイを筆頭に資金力を生かしたスマートシティー構想も動く。しかしこれまでのところ、有望な企業の登場は限られるようだ。市場規模、創業環境、資金力の各面で優位性を示すことができない場合には、課題解決と飛び越え型発展の機会をものにすることはできないだろう。

2　コロナ危機による加速

コロナ危機のダメージ

２０２０年に発生した新型コロナウィルスの世界的流行（パンデミック）は、債務の増大や企業の倒産につながり世界経済に多大な負荷をかけることは疑いない。そのうえで、デジタル化、とりわけ新興国のデジタル化にどのような影響を与えつつあるのだろうか。一つの見立ては、感染症の流行がデジタル化を加速させつつある、というものだ。

２０１９年12月以来、中国・武漢市を震源地として流行した新型コロナウィルスは、アジアから欧州、アメリカ、そして他の新興国にまで感染が拡大した。２０２０年3月には世界保健機関（ＷＨＯ）がパンデミックを宣言した。１９１８年から１９２０年にかけて流行したスペイン風邪に代表されるように、感染症の世界的な流行は歴史上繰り返されてきた。しかし国境を越えた人、物、金の動きが活性化するグローバリゼーションが進展し、さらに人が密集する都市化も進んだ現代社会では、感染症が広まるリスクも大きくなっていた。本書執筆段階（２０２０年7月）では、いまだに感染終息の目途は立っていない。

わずか半年の期間であるが、コロナ危機の見方は大きく揺れ動いてきた。当初、コロナ危機は中国の統治体制の脆弱性を体現したものであるとの見方が多かった。また経済的なダメージの観点でも、中国への影響が最も深刻だと想定されていた。例えば2020年3月末に刊行された世界銀行のレポート『COVID-19時代の東アジアと太平洋』では、ウイルス蔓延が各国経済に与える影響を推計している（World Bank, 2020a）。同レポートでは、感染流行によって中国に大きな経済的ダメージが生じる一方で、他国の経済的なダメージは中国の半分にとどまるシナリオを、蓋然性の高いものとして提示した。同レポートでは、もう一つのシナリオとして全世界が同水準のダメージを受けるケースを示しているものの、いずれにしても中国が経済的打撃を受ける主要な国の一つであると考えられていた。

たしかに中国政府が公表した2020年第1四半期の中国の経済成長率は、マイナス6・8%という記録的な値となった。しかしその後、むしろ中国以外の国々で感染が終息せず、経済的なダメージも深いことが明らかになってきた。世界銀行が2020年6月に刊行した『グローバル経済展望』では、直近までの感染状況も加味した推計を実施し、中国よりも他国での経済的打撃が大きくなるとの予測を示した（World Bank, 2020b）。なかでもブラジル、インド、アメリカの2020年の経済成長率に与える影響は深刻で、それぞれコロナ危機が発生しなかった場合の推計よりも10%、9%、そして7・9%低くなると予測されている。

パンデミックがデジタル化を加速させる

デジタル化の面から見ると今回のパンデミックは、人々がデジタル端末を持つ、高度なネットワーク社会が迎えた初めての世界的な感染症流行であった。つまり「デジタル化時代のパンデミック」だった。そして人と人との接触が感染拡大につながるという事実ゆえに、可能な限りデジタルツールを活用しようとする動きが広がった。この結果、「パンデミックがデジタル化を加速させる」という現象が生まれているのだ。ここでもデジタル化が課題解決を促す力と、もう一方で脆弱性をもたらす両面が見られつつある。

可能性に目を向けると、感染リスクを下げる様々な手段としてデジタル技術が活用された。中国ではスマートフォンの基地局データを用いて、過去14日間にウイルスの流行地であった湖北省を訪問していないかを示す機能が２０２０年2月に登場した。また公共交通機関を利用する際にも、乗車の際にスマートフォンのアプリで記録を取り、同一車両に陽性患者が乗車していたことが判明した際には、濃厚接触者としてリストアップされる機能が導入された。いわゆる接触確認アプリである。韓国においても早い段階から、携帯電話が濃厚接触者の有無を判定する手段となり、その後日本も含めた世界各国で導入が進んだ。

一方で脆弱性の面では、上記の接触確認アプリが個人を特定する情報を収集し、感染症対策以外に転用された場合には、プライバシー保護の観点から深刻な問題に発展しかねない。

個人の病歴まで含まれるからだ。また特定の食品が「コロナに効く」といった噂がマスメディアとデジタルメディアの両方で伝播した。

以下、可能性と脆弱性の両面を見ていこう。

感染症対策と個人情報のジレンマ

新型コロナウイルスの流行で広く認識されるようになったことがある。それはスマートフォンの位置情報を活用して、駅の利用状況や繁華街の混雑状況など、細かな地点ごとに人々の動きをほぼリアルタイムに把握できることだ。

中国の湖北省武漢市では、2020年1月23日に市外への移動が禁止された。今回のパンデミックで最初の大規模な都市封鎖（ロックダウン）である。その後、中国各地で強弱はありながらも外出が制限された。これによる人の移動の減少量はスマートフォンのデータによって捕捉されていた。図表6-2は、中国の検索大手の百度（バイドゥ）が提供するデータを用いて、武漢市を含む中国の主要都市内での人の移動量の推移を示したものだ。移動制限が始まった1月末から2月中旬まで、人の動きが劇的に抑えられていたことがわかる。そして3月下旬までに、多くの都市では移動量が1月第2週の80％程度まで回復したが、武漢や北京での回復は遅かった。同様のデータから、特定の駅の時間ごとの利用状況もわかる。背

図表６－２　中国の都市内移動指数の推移

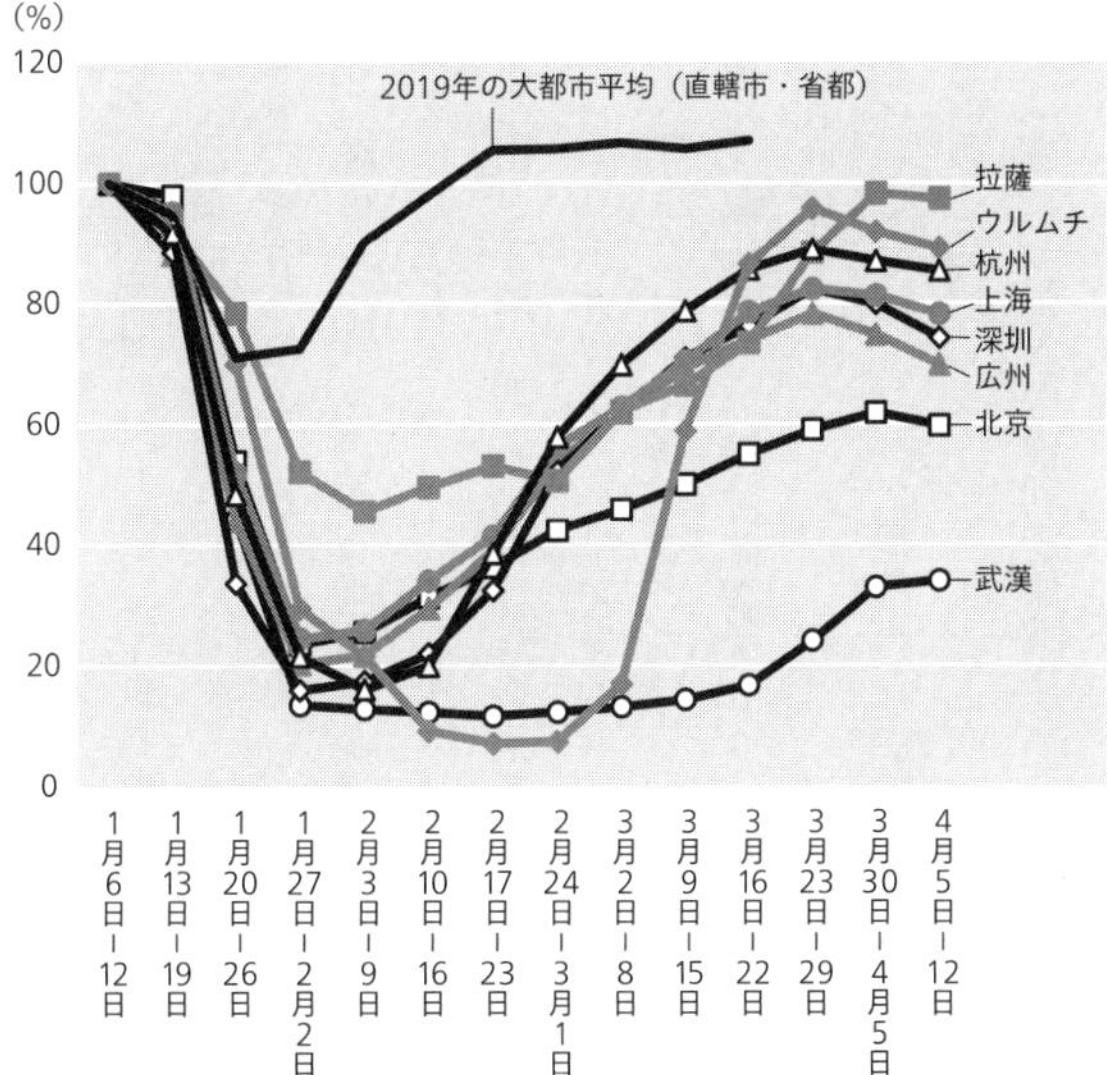

注：１月６日～12日の移動量をベンチマークとした指数
出所：百度地図遷徙大数拠より筆者作成

後に個々人の移動データがあるためだ。

都市や地区ごとの人出であれば、匿名化されているのでプライバシー上の問題は回避できる。しかし個人レベルでの移動を追跡する場合には事情が異なる。公衆衛生の観点から追跡にはメリットがある一方で、どの情報を誰が収集・保管・利用するのかはプライバシーの問題に直結する。接触確認アプリは、２０２０年５月時点で、世界40か国で導入され、さらに23か国が導入を検討していた。

感染者との接触履歴を追跡す

るうえでは、大きく異なるアプローチが見られた。一つは「何月何日に誰と誰が接触したのか」を、システムの運営側が個人を特定できる情報として収集・保有して活用するアプローチである（集中型と呼ばれる）。全地球測位システム（GPS）に加えて、公共交通機関の移動状況や決済情報が活用されることもある。これらを活用すれば、誰がどこに行ったのか、どの電車に乗ったのか、どのお店でいつ買い物をしたのかが把握できるわけだ。

これに対して、システムの運営側は個人を特定せず、また接触データも保有しないようにするアプローチもある（分散型と呼ばれる）。個々人の端末（スマートフォン）から外には個人情報を出さずに、匿名化された感染者との接触があったかどうかを通知する仕組みである。欧州のエコールポリテクニーク・フェデラルド・ローザンヌをはじめとする大学・研究機関は、スマートフォンに搭載されている近距離無線通信のブルートゥースセンサーを活用し、他の情報を収集しない接触確認アプリを開発している（分散型プライバシー保護近接追跡、DP-3Tと呼ばれる）。

興味深いことに、コロナ危機のなかでの個人情報をめぐる軋轢は、欧州の一部では「より多くの情報を活用しよう」とする方向で、そして個人情報への権利意識が低いとされてきた中国では逆に「個人の権利を保護すべき」との方向で見られている。EUでは、2018年に一般データ保護規則（GDPR）を施行し、個人情報の収集、保管、そして移転への規制を強化してきた。しかし2020年5月、ハンガリー政府はウイルス対策の一環として、GDPRの効力を停止すると表明した。これに対して欧州データ保護会議（EDPB）は、パンデミックのなかでも個人情報は保護されるべきとの見解を示した。

一方、中国では接触確認のために通信大手企業の基地局情報、公共交通機関の利用情報、そして決済情報が実名情報とともに活用された。これに対して、特に地方行政単位レベルで立ち上げられた接触確認アプリをめぐっては、市民や専門家から批判の声が上がった。2020年4月には、プライバシー保護に関する同意を得ていない接触確認アプリが多数登場したことが現地メディアで報道された。また感染症対策のために導入された杭州市などの接触確認アプリが恒久化される動きに対して、現地の一部メディアや専門家が反対意見を述べた。2020年5月末に延期して開催された全国人民代表大会に向けて、検索大手の百度の創業者である李彦宏は、コロナ危機のもとで収集された個人情報の保護とデータ管理の問題を提起した。

単純化すれば、情報を厳しく保護してきた欧州では、危機のなかでより多くの個人情報を利用しようとする動きが一部で見られ、そして逆にこれまで多くの個人情報を活用してきた中国では、個人情報の保護が一部の市民や専門家から表明される動きが見られたのだ。

第5章で取り上げた「個人情報と利便性の交換」というデジタル化が抱えてきた問題が、

コロナ危機のなかで、「個人情報と有効な公衆衛生政策の交換」という抜き差しならない問題として立ち現れてきたことを意味する。すでに言及した分散型の接触確認アプリであれば、個人情報に配慮した形での履歴追跡ができる可能性はある。しかし日本のように、接触確認アプリのダウンロードが任意で、また利用者がいつでもブルートゥース機能を停止でき、それに対して罰則もない場合、感染症対策としての効果は市民の自主性に大きく依存してしまうことになる。

危機のなかで普及するサービス

パンデミックのなかで、新たなデジタルサービスの利用が広がった。特に利用が期待され、普及につながっているのがキャッシュレス決済、ビデオ通話機能を用いた遠隔での診療と授業、在宅勤務（リモートワーク）である。

ケニアでは、2020年3月、キャッシュレス決済サービスM-Pesaを運営するサファリコムが、約1000円以下の個人間の低額決済の手数料を3か月間無料化した。これはケニアの中央銀行とウフル・ケニヤッタ大統領の後押しを受けて実施された措置で、感染症対策として始動したものだ。ケニアよりもキャッシュレス決済の普及が遅れていたガーナ、南アフリカ、ナイジェリアでも同様にキャッシュレス決済を推奨する動きが見られており、コロナ危機のなかで非接触での決済を初めて利用するユーザーが増えているようだ。

インドでは2020年3月に緊急経済対策が発表され、そのなかに生体認証IDアダールを活用した直接現金給付が含まれた。約8500万戸の貧しい農家への給付金が、アダールと紐づいた銀行口座に振り込まれた。コロナ危機以前に準備されていた個人認証制度が機能したかたちだ。ただ運用面では、アダールを所持していないか紛失しているために穀物の無料支給を受け取れなかった事例が報告されている。個人認証システムの有用性を国民に広く理解してもらう必要がある（野口2020）。

新型コロナウイルスの震源地となった中国では、2003年にSARS（重症急性呼吸器症候群）が流行した際に人々が外出を避けたことが、電子商取引の普及のきっかけとなった。このため今回のパンデミックでも当初から、同様に新たなビジネスが拡大する契機となるのではないかと期待が持たれた。

今回、中国で普及したツールの筆頭がグループウェアである。グループウェアとは利用者間で音声通話やメッセージをやりとりする機能に加えて、出退勤管理、業務管理、カレンダー機能、稟議（りんぎ）の提案と許可といった、オフィス向けの機能を揃えたサービスである。なかでもアリババ集団の提供するソフトウェア「ディントーク」は、2014年12月にリリースされ徐々に利用者が増えていたが、コロナ危機のなかで企業や遠隔授業に採用されたことで、

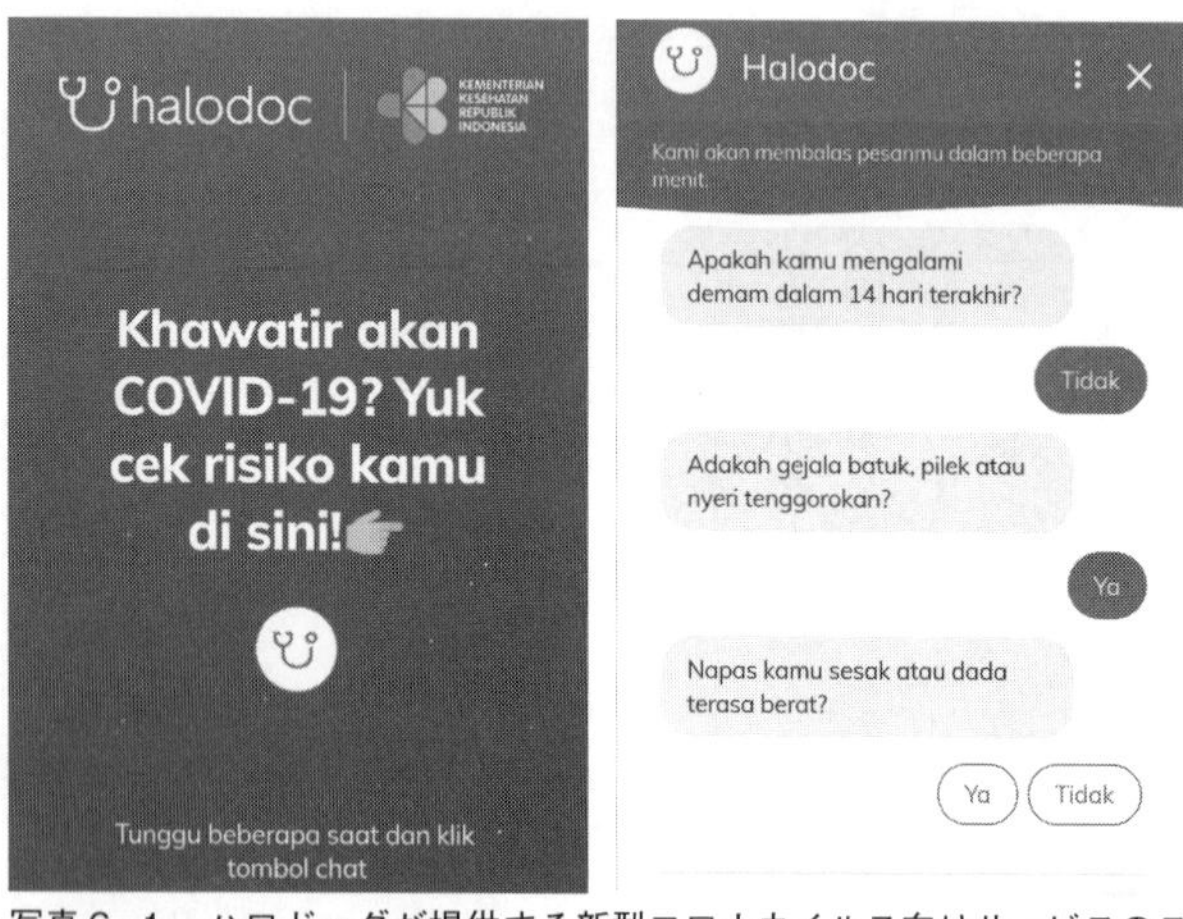

写真6-1　ハロドッグが提供する新型コロナウイルス向けサービスのスタート画面（左）と質問画面（2020年4月、筆者撮影）

急速にユーザーを集めることとなった。平安保険が提供するオンライン診療サービス「平安好医生（ピンアン・グッドドクター）」も、新型コロナウイルスの流行以前から利用されてきたが、危機のなかで多数のユーザーを集めた。

インドネシアでは、遠隔診療サービスを提供するベンチャー企業ハロドックが、インドネシア政府の保健省、さらには現地のプラットフォーム企業ゴジェックと協力して、新型肺炎向けの初期診療サービスを提供した（写真6-1）。このサービスではまず「過去14日間に熱があったか」「咳、鼻水、喉の痛みの症状があったか」「息苦しさはないか」「COVID-19の陽性患者と接触したことはないか」といった質問項目でリスクを判定し、感染リスクがあると判定された場合に、医師との無料の遠隔診療に誘導するものである。ゴジェックが提供する宅配サービスとも連動して、必要に応じて医薬品の配送も可能となる。スマートフォンを基盤としたサービスの広がりが、危機のなかで活用されている事例である。

遠隔の限界とインフォデミック

このように、新型コロナウイルスの流行のなかでデジタル技術の利活用が広がっている。しかし突発的な感染拡大ゆえに、十分な準備ができなかった領域もあった。特に教育分野では、遠隔授業が有効な手段として期待されたが、学生が十分なインターネットアクセスの設備と端末を持たなければ、そもそも実施できない。国連教育科学文化機関（ユネスコ）の集計によると、２０２０年３月１日時点では学校を全国または一部地域で閉鎖している国は12か国に過ぎなかったが、４月１日には２００か国に達した。５月以降、徐々に学校を再開する地域も増えているが、その数は８月１日時点でも49か国にとどまる。残りの１６１か国では、依然として全面または一部閉鎖の状況が続く。

新興国でもインターネットが普及してきたとはいえ、動画再生可能な設備が行き届いている層はごく一部に限られる。それゆえ大規模な学校閉鎖の影響は甚大だ。遠隔授業を行う教師の側も、今までとは異なる教育環境のなかで、有効な教材や時間配分を考えねばならない。

在宅勤務も同様であり、特に新興国で大部分を占めるようなインフォーマル経済では、在宅勤務が不可能なものが大多数である。先進国ですら設備や端末の面で対応が難しいなかで、「危機をチャンスに変える」という言葉を現実のものとすることは容易ではない。

もう一つ、新型コロナウイルス蔓延という状況下で注目を集め、また深刻な状況をもたらしたのは、虚偽の情報が瞬く間に広まったことである。WHOはこれを「情報の急速な伝染(Information Epidemic)」を短縮した「インフォデミック(Infodemic)」と呼んだ。「ニンニクがコロナウイルスに効く」「15分ごとに水を飲むとよい」といった比較的無害な虚偽情報から、特定の人種を中傷するものや、パニック買いをもたらすような虚偽情報まで様々だ。第5章で取り上げたフェイクニュースの問題が、パンデミックという危機のなかでより過激な形で現れたといえる。

WHOも根拠のない噂を否定するファクトチェックのページを立ち上げたほか、各国に同様のサイトが登場した。加えてWHOはツイッター、インスタグラムやユーチューブに自らの公式アカウントを開設して投稿したほか、これらのソーシャルメディアで多くの視聴者を集める投稿者(いわゆるインフルエンサー)と連携して、事実に基づくメッセージを広める取り組みも見せた。

米中対立の激化、中印対立の顕在化

パンデミックは既存の問題を、より複雑化させる面もある。米中対立の激化と中国製アプリの制限のように、デジタル化と地政学的リスクが連動することで、ますますデジタル経済の分断が進む。

コロナ危機後、アメリカのトランプ政権による中国批判は激しさを増した。この結果、米中両国間の人、物、金、技術、情報を分断するデカップリングがいっそう深刻化しつつある。2019年5月、アメリカ商務省は輸出管理規則に基づいて、特定企業をリストアップしてアメリカ企業との取引を制限・禁止するエンティティーリストに中国の通信設備大手の華為技術（ファーウェイ）を追加していた。アメリカ政府の許可なく、同国企業から部品・技術を輸出することを禁じたものだが、日本企業も、アメリカ企業が開発した技術や生産した部品を一定以上搭載した部材をファーウェイに販売できなくなるため、影響は大きい。

そしてコロナ危機のさなか、2020年5月15日、アメリカ政府はファーウェイとその関連企業114社への規制強化を発表し、アメリカ製の製造装置で製造されたものの輸出も禁じた。この結果、ファーウェイは台湾企業等（具体的にはTSMC）がアメリカ製の装置を用いて製造した最先端の半導体を購入できなくなった。

中国とインドの関係も悪化している。2020年6月15日には、中印国境ラダック地方ガルワン渓谷での衝突によって、1975年以来、45年ぶりの死者を出す事態に至った。2週間後、インド政府は59個の中国製スマートフォン・アプリについてインド国内での利用を禁止すると発表した（その後、規制は拡大）。理由は、「インドの国家安全と防衛を脅かす行為を行い、最終的にはインドの主権と倫理を侵害している」というもので、「インド外にあるサーバーに不正にユーザーのデータが送信された」とインド政府は述べた（Government of India, 2020）。このリストのなかには、短い動画を投稿し共有するショート・ムービー・アプリのTikTokも含まれる。同アプリはその後、アメリカ政府も問題視するに至った。

こうした一連の動きは、第5章で触れた情報通信分野の中国企業による、国外進出への警戒感の高まりと言える。物理層で新興国のインフラを整備してきたファーウェイと、アプリケーション層で国外市場を先駆的に開拓してきたバイトダンス（字節跳動。TikTokの運営企業）への反発は、「デジタル一帯一路」構想への警戒感の現れともいえる。同時にこうした措置は、安全保障上の懸念を表向きの理由として発動しているが、政治的パフォーマンスの面や、経済面での保護主義的な含意も持ちうることには改めて注意が必要である。

以上のように、パンデミックはデジタル化の趨勢を押しとどめるのではなく、むしろ加速させている。未知の感染症の蔓延という状況下で、デジタルツールが一層活用されると同時に、プライバシーの問題や虚偽情報の伝播、そして地政学的な含意といったデジタル化が内包してきた課題も顕在化している。

3　日本の国際戦略と複眼的対応

デジタル化の時代に求められること

新興国がより幅広く、そしてより深くデジタル化を進めていく時代にあって、日本はどのように取り組むべきか。

第1章の図表1-3でも示したように、日本はそれぞれの時代に一定の立脚点を持って、新興国・途上国に関与と貢献をしてきた。先進国と発展途上国が二極化していた南北問題の時代には、開発援助と協力を通じて関与してきた。工業化の時代には「先進工業国・日本」として、市場の時代には「課題先進国・日本」としての立場があった。問題は、「新興国がデジタル化する時代」を設定したとき、日本の役割が不明瞭なことだ。

アメリカはGAFAを筆頭に巨大IT企業が事業を拡大するなど、すでに民間主導で新興国のデジタル化にも深く関与している。これに対して中国は、アリババ、テンセント、ファーウェイといった企業が事業を拡大しつつあることに加えて、すでに触れた「一帯一路」構想にもデジタル分野が包摂されることで、政策面でも自覚的に関与を強めている。

アフリカでは米中、そして欧州主要国の動きが活発だ。アメリカは政府レベルで、米国国際開発庁（ＵＳＡＩＤ）と米国アフリカ開発基金（ＵＳＡＤＦ）がアフリカのベンチャー企業への支援と投資を行っている。企業レベルでは、グーグルが２０１９年にガーナ共和国の首都アクラに同社アフリカ初の人工知能（ＡＩ）研究所を開設し、マイクロソフトは同年にケニア共和国の首都ナイロビとナイジェリア連邦共和国のラゴスに開発拠点を設置した。中国は、アリババの創業者である馬雲が、国連貿易開発会議（ＵＮＣＴＡＤ）の若手起業家・中小企業特別顧問を務めているほか、同氏は２０１８年にはアフリカの企業家育成のための「ネットプレナー賞」を設立している。またテンセントは南アフリカのスタンダード銀行と提携し、アフリカの携帯電話市場で高いシェアを持つトランシオン（製品ブランド名はTecnoほか）はナイジェリアのフィンテック・ベンチャー企業のパームペイ（PalmPay）に出資し、トランシオンの携帯電話にパームペイを決済アプリとして出荷段階で搭載する動きを見せている。

欧州主要国も関係省庁が動く。イギリスは国際開発省（ＤＦＩＤ）、フランスはフランス開発庁（ＡＦＤ）、ドイツはドイツ経済協力開発庁（ＢＭＺ）を通じて、アフリカのベンチャー企業とイノベーションを支援している。国際機関では世界銀行がベンチャー企業へのメンター支援や投資家とのマッチングを行う「XL Africaプログラム」を２０１７年に始動した。

雇用を創出しながら収益を生み出す新興企業を支援する狙いだ。欧州投資銀行（ＥＩＢ）はアフリカ開発銀行（ＡｆＤＢ）と協力して「ブースト・アフリカ・プログラム」を立ち上げ、ベンチャー企業や投資機関に出資している（伊藤・高崎編著２０２０）。一連の取り組みは日本にも参考になるはずだ。

日本は、工業化の時代には工場内の整理整頓を基礎としつつ、部品納入の小口化と高頻度化によって在庫を最小化して、無駄を省き効率性を高める「トヨタ生産方式」があった。そして市場の時代には、新幹線、道路、港湾開発に代表される「質の高いインフラ」が強みとなってきた。しかしデジタル分野では立脚点がいまだ見つかっていない。

本書では、デジタル化が新興国の可能性と脆弱性の両面を増幅する、という見立てから検討を加えてきた。この視座からすれば、日本には可能性と脆弱性の両方に目を向けたアプローチを設計し、実行していくことが望まれる。総論としては、日本は新興国がデジタルによって得られる可能性を拡大し、ともに実現し、同時に脆弱性を補うようなアプローチを取るべきだ。

つまり求められる新たなアプローチとは「共創パートナーとしての日本」である。好奇心と問題意識のアンテナを広げ、日本の技術や取り組みを活かす。同時に新興国に大いに学び、日本国内に還流させる。加えてデジタル化をめぐるルール作りには積極的に参画し、時に新

図表6-3　デジタル化の時代に日本が新興国に対してとるべきアプローチ

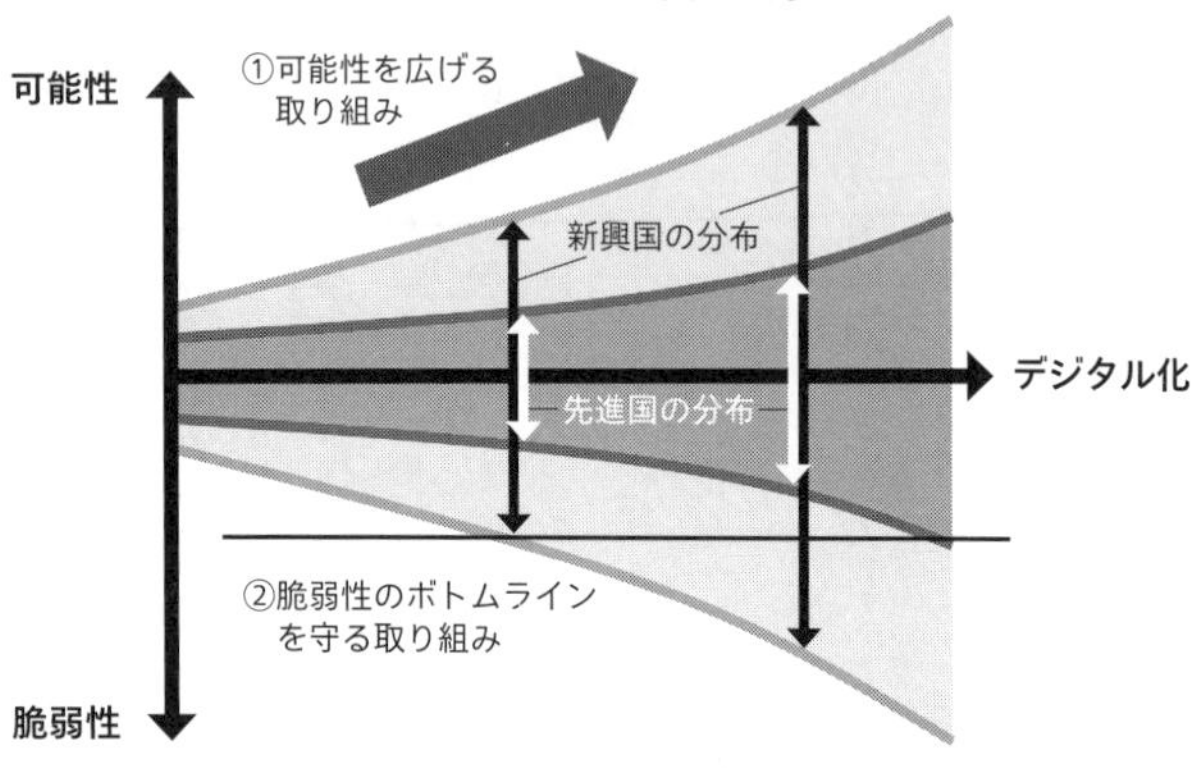

出所：筆者作成

興国のデジタル化の在り方に苦言を呈する。図表1-3に示した過去のアプローチと対比すると、より対等な目線で、共により望ましいデジタル化社会を創る、という姿勢だ。

第1章で示した概念図（図表1-5参照）に加筆すると、図表6-3のように示せる。必要とされるのは第一に、新興国のデジタル化の可能性を広めるという方向性と、第二にその脆弱性を補う、あるいはそのボトムラインを守ることである。第一の可能性の実現で主役となるべきは、民間企業であろう。第二のボトムラインを守るためには、政府に加えて市民社会の取り組みも求められる。

新興国の可能性を広げる

新興国がデジタル経済の新たな、そして巨大な実験場として機能し始めている面に着目すると、そこには大きなビジネスチャンスが生まれている。第2章でとりあげたインドの生体認証IDアダールでは、指紋・顔・虹彩を用いた生体認証のシステムをNECが提供している。日本企業が蓄積してきた技術が活用された事例といえる。

工業化の時代には、外国への直接投資によって現地で子会社を立ち上げる形で、日本企業は海外展開を進めてきた。デジタル化の時代には、現地のニーズを深く理解することが大事だ。そのためには現地のベンチャー企業への出資を進めることも有効な手段となる。

日本でも、投資利益（キャピタルゲイン）だけでなく、自社の事業との相乗効果が期待できる新興企業へ投資を行うコーポレート・ベンチャー・キャピタル（CVC）の設置が進んできた。新興国のベンチャー企業への投資も、情報収集と事業拡大の両面で重要な手段となりつつあり、より広くは戦略提携や業務提携も有効な手段となる。例えば東南アジアの配車大手のグラブに対しては、これまでもソフトバンクグループやトヨタ自動車が出資してきたが、２０２０年2月、三菱ＵＦＪ銀行が7億６００万ドル（約７８０億円）の出資を発表した。投資の目的を明確にしつつ、新興国のベンチャー投資についての知見を蓄えていくことが求められる（経済産業省・ＰｗＣ２０２０）。

また日本自身のデジタル化を進めるうえでも、新興国で生まれたサービス事例を参考にし、日本に還流させる仕組みも求められる。日本企業が中国の杭州やインドのバンガロールに、デジタルサービスを開発する拠点を設けるような取り組みも見られる。さらに、アジアのベンチャー企業がマザーズなど日本の新興企業向け株式市場に上場することへの支援も始まっている（岩崎2020）。

より一般的には、日本企業の海外拠点はその機能を拡大して、現地社会のデジタル化動向を把握することが求められる。現地大手IT企業のサービスを積極的に使い、その変化を理解していくべきだろう。日本企業の海外拠点は、その組織を現地デジタル社会により対応したものに変革する必要がある。

政府に目を向けると、民間企業が新興国の新分野で協業を広げるための支援を始めている。2019年8月に開催された「アフリカ開発における東京国際会議」（TICAD）では、イノベーションをキーワードの一つとして設定した。今後の行動計画のなかでは、アフリカのスタートアップ企業と日本企業のビジネス上の協業を促すマッチングに言及した。

同年9月には経済産業省がアジア新産業共創政策室を立ち上げ、アジア地域でのデジタル化に、日本の大企業及びベンチャー企業が参画することを支援し始めている。東南アジアとインドのIT企業や財閥企業と日本企業との間のマッチングを通じて、現地のみならず日本国内におけるデジタル技術の利活用にも還流させようとしているのが特徴的である（経済産業省2019）。こうした取り組みは民間企業主体で進むものだが、政府の支援のもとで成功事例が生まれれば、波及効果が期待される。

ボトムラインを守る

新興国の脆弱性が深まらないような取り組みも必要だ。本書の議論からすれば、デジタル化がもたらす脆弱性は、特に労働市場、監視社会、そしてフェイクニュースの流布といった点にある。ただし、デジタル化がもたらす可能性と利便性を最大化し、脆弱性とリスクを最小化させるような「いいとこどり」は簡単ではない。なぜならば、可能性自体の中に脆弱性が内包されている面があるためだ。

典型例はフリーランス経済だろう。一面では雇用契約に縛られず、より自由な時間帯で働くことが可能になっているが、他面では、十分な保障のない働き方しか選択できない状況が生まれるかもしれない。

さらに解決が難しいのは、フェイクニュース規制の問題である。フェイクニュースをめぐる問題では、メディアや第三者機関によるファクトチェックが有効である。デューク大学の集計では、2019年時点で全世界に160のファクトチェック団体が活動中だが、運営資金を寄付に頼る組織が多く、事業基盤が脆弱なものが少なくない。また特定政権や政治集団から独立したファクトチェックを実施する機関が望ましいが、現実にはフェイクニュースを認定する機関や人物が特定政権の影響を強く受けることもある。

監視ツールが新興国に輸出される現実に目を向けると、現地には窃盗、殺人といった犯罪の発生件数を減らしたい、という生々しいニーズがある。そのニーズに対して、「個人のプライバシー保護に配慮した監視システム」を提供することも一つの対応であるが、しかしそれは本質的な解決策とも思われない。日本としては、これまでの明治維新以来の開発経験から、どのようにして、所得の不平等の拡大をもたらさずに幅広い層の所得を引き上げていけるか、アナログであっても、その知見を提供し続けることは、デジタル化時代の新興国に求められる独自の貢献の一つだろう。

近年議論が進むのは、デジタル経済と技術開発をめぐるルール作りである。日本政府は2019年に、日米欧と主要な新興国が集う20か国・地域首脳会議（G20）の舞台で、デジタル貿易のルール化に向け、「信頼ある自由なデータ流通（データ・フリー・フロー・ウィズ・トラスト）」をキーワードに設定した（外務省2019）。また貿易・デジタル経済大臣会合では、AIの利用が基本的人権を侵すものではあってはならないという項目を含む「人間中心の人工知能」原則を議題として提示し、参加国で合意した。またサイバーセキュリティーをめぐっては、東南アジア諸国連合（ASEAN）との協力も進めている。2018年9月に、タイのバンコクに日ASEANサイバーセキュリティ能力構築センターが設立されている。

データをめぐる議論の背景にあるのは、世界貿易機関（ＷＴＯ）協定に、電子情報の取引に関する規定が限られていることである。その結果、個人情報を含めた自由な流通を求めるアメリカ、個人情報の越境移転を規制しようとする欧州、そして国家安全の観点から規制をかける中国のように、主要国の間でも方針が大きく異なる（岩田２０１９）。日本政府はデータを囲い込んで国外への流通を閉ざす保護主義的な規制（いわゆるデータ・ローカライゼーション）を可能な限り撤廃して、合意の取れる領域とメンバー内でのデータの流通を円滑化させる方向を目指しているが、全加盟国の合意を必要とするＷＴＯにおいて、新興国から幅広い同意を得ることは難しそうだ。Ｇ20では、２０２０年４月30日にデジタル経済大臣臨時会合が開催されるなど、コロナ危機のなかでも議論は進んでいる。しかし米中対立に見られるように、本質的にデジタル技術を国家の安全保障の問題と捉える動きが強まるなかでは、データと電子商取引をめぐるルール化は、有志諸国の間での合意にとどまる可能性が高い。ただ、それでも日本が目指すべきと考えるデジタル社会、データ活用社会を設定して働きかけ続けるべきだ。

また開発協力の件では、２０２０年５月に国際協力機構（ＪＩＣＡ）は、デジタル・インパクト・アライアンス（ＤＩＡＬ。国連財団らが設置）の提唱する「デジタル開発原則（Principles for Digital Development）」への支持を表明した。この原則には持続可能な開発目標

（ＳＤＧｓ）を念頭に「利用者と共に設計する」「持続可能となるよう構築する」「オープンな基準、データ、ソース、イノベーションを使う」等の九つの項目が含まれる。より多面的な配慮を組み込んだデジタル化が探求されていくだろう。

国内での社会実装のために

最後になったが、新興国に有効な提案をするうえでは、結局のところは日本国内でのデジタル社会化も並行して進める必要がある。日本国内に先駆的なサービスや企業があれば、自然に新興国へも波及していくはずだからだ。しかし日本国内のデジタル化は遅れていると言わざるをえない。デジタル経済のアプリケーション層、ミドルウェア層、物理層での世界的企業はいまだに限られている。

利活用も遅れている。例えば自動車業界では、近年、コネクテッド、自動運転、シェアリング、ＥＶ化という構造転換（いわゆるＣＡＳＥ）が生じている（シリコンバレー D-Lab, 2019）。この四つの変化のなかで、日本にはＡとＥ、つまり自動運転とＥＶ化では十分な基礎技術がある。しかし日本国内でいえば、より大きな課題はＣとＳにある。つまり自動車をインターネットとつなげるコネクテッド、そして保有者の間で利用をシェアリングする動きは限られてきた。

諸外国に目を向けると、コロナ危機のなかで、医療機関からの陽性患者の報告システム、個人番号に基づくマスクの販売管理、中小企業への緊急融資や個人への特別給付金の申請と支払い、これらの手続きにデジタル技術が活用される事例が目立った（東大社研現代中国研究拠点編2020）。これに対して日本では、陽性患者の報告の新たなシステム（新型コロナウイルス感染者等情報把握・管理支援システム、HER-SYS，ハーシス）が2020年5月に導入されたが、7月半ば時点でも4分の1の自治体で利用が始まっていなかった（『毎日新聞』2020年7月14日）。政府は同年7月の経済財政諮問会議で行政のデジタル化を目標として設定したが、似たような目標は2001年のe-Japan戦略以来、たびたび登場してきた。デジタル技術の利活用の遅れは、コロナ危機以前から指摘されてきたことだった。

筆者は日本国内の社会実装について知見が限られているため、ここでは新興国との関係で日本の社会実装を進める手順に絞って考える。第一に考えられるのは、すでに言及した新興国を含む海外のソリューションを「黒船」として持ち込む「輸入」アプローチである。ソフトバンクの孫正義社長はこのアプローチを明言してきた。ただしこのアプローチでは、2020年までのところ、まだ成功例が少ないようである。むしろ有望企業に出資しつつ、日本国内のニーズに合わせて、海外で実証済みのアプローチを参考にしていく動きが主流と言えそうだ。

第二に考えられるのは、日本国内での社会実験が難しいなかで、新興国を巨大な実験場として、海外で未知のサービスを実証していく「海外実証」アプローチである。ただこのアプローチは、自国内でも経験のないサービスをいきなり海外で実行することが求められる。

手を動かし、足を使って

これらのいずれのアプローチをとるにしても、そして仮に日本が社会実装で先進的な取り組みを達成したとしても、必ず求められるものがある。それは新興国のデジタル社会にアンテナを張り、関わっていくことだ。特に有力なイノベーションの拠点となるような新興国の社会実装先進都市（プロトタイプシティーと呼んでもよい）への注目が必要になる。工業化の時代には、先端的製品は先進国で開発され、それが輸出された。しかしデジタル化では、本書で検討したように、広大な新興国が新たな試行錯誤の現場となり、新たなサービスの苗床となる。継続的に新たな実証実験に関わっていくためには、少数の大企業による関係構築では不十分である。開花の可能性は特定企業や分野に限定されないからだ。

日本の政府、企業、そして個人にできることは何か。政府は新興国の在外公館の役割の一つとして、企業は国外拠点の役割の一つとして、デジタル化対応を設定すべきだろう。在外公館は現地政府のデジタル化構想への、そして企業の新興国拠点は有力ＩＴ企業とベンチャー企業の取り組みへの感度を高めることが求められる。そして新興国のデジタル化に興味を持つ人は、個人のレベルでも、新興国の技術・企業家コミュニティーとのつながりを増やすことはできる。新興国を訪問する際には、社会実装の側面に目を向け、現地の技術・起業コミュニティーとつながっていく努力が必要だ。実は新興国のデジタル化の現場には、少なくない日本人がすでにいる。自ら現場に飛び込むことが難しい人でも、そうした人たちとSNSでつながり、時には足を運び、応援していくことはできるはずだ。

新興国のデジタル化の現場は、グローバルなコミュニティーでもある。現地の技術者、そして諸外国から来たエンジニアや企業家ともつながることで、未知なる社会が出現する場面に遭遇できるかもしれない。現地の有力ベンチャー企業はグローバルな成長機会を探っているだろう。また現地の政府も先進事例を欲している。特に新興国における農村やジェンダーの問題を考えていくうえで、デジタル化は新たなツールとなりうる。こうした事例が日本にも還流していく。これまで日本人が強みとしてきたのは手を動かし、足を使うことだった。デジタル化の時代にも、手を動かして新しいサービスを使ってみて、足を使って体験していくことが求められる。

あとがき

本書は『中央公論』２０１９年12月号に寄稿した「デジタル新興国論」を拡張したものである。

筆者は中国経済を専門としている。２０１７年度にイノベーション都市として注目を集める広東省深圳市南山区に滞在し、中国企業の活力ある新事業創出を目撃し、モバイル・インターネットが生活を塗り替える姿を体感した。前後してバンコク、ホーチミン、ヤンゴン、サンフランシスコ、パロアルト（シリコンバレー）、ベルリン、東京を訪問する機会を得た。そこで目にしたのはデジタル技術による社会変革であった。なかでも新興国の変化には驚かされた。中国のスタートアップ企業、デジタル経済を研究しながらも、「目の前の光景は、より大きな現象の一部である」との命題が、はじめは漠然と、やがてはっきりと立ち現れた。

新興国のデジタル社会を歩くことは新鮮な驚きに満ちている。南アフリカのケープタウンやミャンマーのバゴーで見た人々の目の輝きも忘れられない。『ビーイング・デジタル』『ネットワーク経済の法則』『フラット化する世界』『キャッチアップ型工業化論』、そして『世界開発報告２０１６』。これらの議論をヒントにしながら、目にしてきた現象を自分なりにデッサンしたものが本書である。

幸運にも広い分野の研究者と交流できたことが本書につながっている。日本貿易振興機構（ＪＥＴＲＯ）中東アフリカ課の高崎早和香氏らとケープタウン、ヨハネスブルク、アディスアベバのスタートアップ企業を訪問する機会を得た。「ニコニコ技術部深圳コミュニティ」の高須正和氏をはじめとするメンバーとは、中国各地に加えてアディスアベバ、デリー、グルガオンを訪問しながら議論できた。澤田翔氏にはGitHubデータのコーディングでお力添えいただいた。また所属する研究所では「デジタル化の社会科学」研究会を立ち上げ、飯田高先生、石田賢示先生、加藤晋先生とじっくり議論する時間を持てた。丸川知雄先生からは本論の時代認識にコメントをいただき、玄田有史先生からは新書の執筆を励まされた。有志の研究会である「二冊目を書く会」では遠藤環先生、川上桃子先生、佐藤仁先生から熱心にコメントをいただいた。同じく「武蔵野サロン」では井上正也先生、白鳥潤一郎先生、高木佑輔先生に政治学の立場から「新興国」概念についてアドバイスを頂戴した。共同研究者である大泉啓一郎先生、高口康太先生とは、毎週のように意見交換してアンテナを広げ、問題意識を深め、また草稿にもコメントをいただいた。感謝の気持ちを記したい。

本書を中公新書の一冊として刊行できることは光栄なことだ。かつて『フルセット型産業構造を超えて　東アジア新時代のなかの日本産業』（1993年）で、関満博先生は北東アジアの工場を自らの足でまわり、春には鉄までが香るような時代を描いた。そして大泉啓一郎先生は『消費するアジア　新興国市場の可能性と不安』（2011年）で、東南アジアにまで広がった勃興する大衆消費社会と広域都市圏の活力を描いた。勝手にバトンをつなぐことが許されるならば、本書は工業化と大衆消費社会化に続く情報化に位置する。

足を使って紙に時代を描いていく作業は、デジタルとディシプリンの時代に逆行しているかもしれない。加えて、パンデミックを経験し、外国を訪問することは実に難しくなってしまった。ただ、パンデミック以前に、新興国で目撃した地殻変動を整理して報告しておきたかった。「ビットには匂いがない」としても、ビットを使う人間社会には泥臭さがいつまでも残る。エンジニアはどこでも似た格好をしているが、現地政府が立案する開発構想には生々しい国情が反映されている。本書では中国とその他の新興国のフィールドを歩き、議論の系譜を温め、仮説と問題を提示した。名前が与えられることで現象が認識されることもある。読者に何らかの新たな知見が得られたならば幸いである。

なお、本書のもととなっている幅広い国々での調査と研究は、東京大学社会科学研究所現代中国研究拠点、科学研究費「ＩｏＴ契機の第四次産業革命と産業技術基盤の再編に関する産業間比較研究」（課題番号：17H02007、2017―2019年度、代表者：田口直樹）、科学研究費「タイを中心とする大陸部東南アジアの地域協力枠組みと日中の競合関係」（課題番号：18H03450、2018―2020年度、代表者：末廣昭）、東京大学若手研究者自立支援制度（卓越研究員、2018年度）、科学研究費「インフォーマル化するアジア：グローバル化時代のメガ都市のダイナミクスとジレンマ」（課題番号：19H00553、2019―2023年度、代表者：遠藤環）、科学研究費「アジアにおけるデジタル化の国際比較―利活用水準、政策体系、電子認証制度に注目して」（課題番号：20K12367、2020―2023年度、代表者：伊藤亜聖）による支援によって実施できた。記してお声がけいただいた諸先生方にお礼申し上げる。

また、編集を担当していただいた中央公論新社の田中正敏さんにお礼を申し上げたい。的確で建設的な意見を繰り返しいただき、そのおかげで、筆者の理解は深まり、議論は明確になった。

最後になったが、出張の多い筆者の研究生活を支えてくれた家族に感謝したい。

２０２０年８月

伊藤亜聖

なお、本書で示した図表データの一部は
下記QRコードからグーグル・スプレッ
ドシート形式で閲覧できる。

2018.

第6章
伊藤亜聖・高崎早和香編著（2020）『飛躍するアフリカ！　イノベーションとスタートアップの最新動向』日本貿易振興機構（JETRO）
岩崎薫里（2020）「東南アジアのスタートアップの進化と活発化する日本企業との連携　東証マザーズ上場を展望して」『環太平洋ビジネス情報』、Vol.20 No.76、1–37頁
岩田伸人（2019）「デジタル貿易ルールの展望　WTO有志国グループの「共同声明」から考える」『日本貿易会月報』2019年10月号（No.782）、11–14頁
外務省（2019）「G20大阪サミット（結果概要）」2019年6月29日外務省発表
経済産業省（2019）「新興国企業との共創による新事業創出　アジア・デジタルトランスフォーメーション（ADX）」2019年9月17日産業構造審議会成長戦略部会資料
経済産業省・PwC（2020）「東南アジア・インドにおけるスタートアップ投資の現状と日本企業への提言」経済産業省・令和元年度調査事業報告書
シリコンバレーD-Lab（2019）「シリコンバレーD-Labプロジェクト（第3弾）　シリコンバレーから見えてきたMaaSの世界」経済産業省ウェブサイト（2019年4月24日公開版、2019年9月13日閲覧）
東大社研現代中国研究拠点編（2020）『コロナ以後の東アジア　変動の力学』東京大学出版会
野口直良「「自立したインド」の実現に求められるもの」国際経済連携推進センターウェブサイト、2020年7月16日
Government of India（2020）“Government Bans 59 mobile apps which are prejudicial to sovereignty and integrity of India, defence of India, security of state and public order,” 29 June 2020, Press Information Bureau, Government of India.
World Bank（2020a）*East Asia and Pacific in the Time of COVID-19*, World Bank East Asia Pacific Economic Update（April 2020）, Washington, DC: World Bank.
World Bank（2020b）*Global Economic Prospects*, June 2020, Washington, DC: World Bank.

世紀の新地域システム』中公新書

外山文子・日下渉・伊賀司・見市建編著（2018）『21世紀東南アジアの強権政治 「ストロングマン」時代の到来』明石書店

西村博之（2019）「侮れない米中「デカップリング」論」日本経済新聞電子版 2019年12月 8 日版「Global Economics Trends」欄

ネグロポンテ，ニコラス著、福岡洋一訳（1995）『ビーイング・デジタル ビットの時代』アスキー出版局

蓮見雄（2019）「アリババとロシア AliExpressはロシアブランドグローバル化のプラットフォーム？」ユーラシア研究所レポート、2019年 3 月11日

パトリカラコス，デイヴィッド著、江口泰子訳（2019）『140字の戦争 SNSが戦場を変えた』早川書房

バートレット，ジェイミー著、秋山勝訳（2018）『操られる民主主義 デジタル・テクノロジーはいかにして社会を破壊するか』草思社

Asia Center ed.（2019）*International Conference on Fake News and Elections in Asia: Conference Proceedings*, 10–12th July, Thailand, Asia Center.

CIGI-Ipsos（2019）"2019 CIGI-Ipsos Global Survey on Internet Security and Trust."（www.cigionline.org/internet-survey-2019）.

Freedom House（2018）"Freedom on the Net 2018: The Rise of Digital Authoritarianism."（https://freedomhouse.org/report/freedom-net/2018/rise-digital-authoritarianism）.

Freedom House（2019）"Freedom on the Net 2019: The Crisis of Social Media."（https://freedomhouse.org/report/freedom-net/2019/crisis-social-media）.

Heilmann, Sebastian（2016）"Leninism Upgraded: Xi Jinping's Authoritarian Innovations," *China Economic Quarterly*, Vol. 20, Issue 4, pp. 15–22.

Human Rights Watch（2019）"China's Algorithms of Repression: Reverse Engineering of a Xinjiang Policy Mass Surveillance App." Human Rights Watch Home Page（https://www.hrw.org/report/2019/05/01/chinas-algorithms-repression/reverse-engineering-xinjiang-police-mass-surveillance）.

Ito, Asei（2019）"Digital China: A fourth industrial revolution with Chinese characteristics?," *Asia-Pacific Review*, Vol. 26 Issue 2, pp. 50–75.

Rudd, Kevin（2019）"To Decouple or Not to Decouple?," the Robert F. Ellsworth Memorial Lecture on November 4, 2019, at the University of California-San Diego.

Trump, Kris-Stella（2018）"Four and a half reasons not to worry that Cambridge Analytica skewed the 2016 election," *The Washington Post*, March 23,

参考文献

Acemoglu, Daron, and Pascual Restrepo（2018）“The Race between Man and Machine: Implications of Technology for Growth, Factor Shares, and Employment,” *American Economic Review*, Vol. 108, Issue 6, pp. 1488–1542.

Arntz, Melanie, Terry Gregory and Ulrich Zierahn（2016）“The Risk of Automation for Jobs in OECD Countries: A Comparative Analysis,” OECD Social, Employment and Migration Working Papers, No. 189, Paris: OECD Publishing.

Frey, Carl Benedikt and Michael A. Osborne（2013）“The Future of Employment: How Susceptible are Jobs to Computerisation?,” Oxford Martin Programme on Technology and Employment, Working Paper.

Hallward-Driemeier, Mary and Nayyar, Gaurav（2017）*Trouble in the Making?: The Future of Manufacturing-led Development*, Washington, DC: World Bank.

Herrero, Alicia, and Jianwei Xu.（2018）“How big is China's digital economy?,” Bruegel Working Paper, Issue 04.

OECD（2019）*Measuring the Digital Transformation: A Roadmap for the Future*, Paris: OECD Publishing.

Rodrik, Dani（2016）“Premature deindustrialization,” *Journal of Economic Growth*, Vol. 21, Issue 1, pp. 1–33.

World Bank（2019）*World Development Report 2019: Changing Nature of Work*, Washington, DC: World Bank.

第５章

伊藤亜聖（2018）「中国・新興国ネクサスと「一帯一路」構想」末廣昭・田島俊雄・丸川知雄編著『中国・新興国ネクサス　新たな世界経済循環』東京大学出版会、17–74頁

伊藤亜聖（2020）「中国の「デジタルシルクロード」構想　背景、関連文書、企業行動」日本国際問題研究所編『中国の対外政策と諸外国の対中政策』119–133頁

岡本正明（2019）「ポスト・トゥルース時代の政治の始まり　ビッグデータ、そしてAI」ジェトロ・アジア経済研究所HP・IDEスクエア「世界を見る眼」欄、2019年７月

梶谷懐・高口康太（2019）『幸福な監視国家・中国』NHK出版新書

坂口安紀（2020）「破綻経済と仮想通貨（ベネズエラ）」ジェトロ・アジア経済研究所ウェブサイト、2020年７月

笹原和俊（2018）『フェイクニュースを科学する　拡散するデマ、陰謀論、プロパガンダのしくみ』化学同人

白石隆、ハウ・カロライン（2012）『中国は東アジアをどう変えるか　21

ラウル，アリキヴィ・前田陽二（2017）『未来型国家エストニアの挑戦　電子政府がひらく世界』（新版）インプレスR&D
CB Insights（2018）"Alibaba Vs. Amazon: How The E-Commerce Giants Stack Up In The Fight To Go Global," Research Briefs, 2nd March 2018.
Ferencz, Janos（2019）"The OECD Digital Services Trade Restrictiveness Index," OECD Trade Policy Papers, No. 221.
Heilmann, Sebastian（2018）*Red Swan: How Unorthodox Policy Making Facilitated China's Rise*. Hong Kong: The Chinese University Press.
KPMG and CB Insights（2015）"I got 99 unicorns: A complete list of startups valued over $1 billion," CB Insights Research Report.
Nordás, Hildegunn Kyvik and Dorothée Rouzet（2015）"The Impact of Services Trade Restrictiveness on Trade Flows: First Estimates," OECD Trade Policy Papers, No. 178.
World Bank and Developing Research Center, China（2019）*Innovative China: New Drivers of Growth*. Washington: World Bank.

第４章

依田高典（2011）『次世代インターネットの経済学』岩波新書
井上智洋（2019）「再分配　ベーシックインカムの必要性」山本勲編著『人工知能と経済』勁草書房、275–304頁
猪俣哲史（2019）『グローバル・バリューチェーン　新・南北問題へのまなざし』日本経済新聞出版社
大泉啓一郎（2018）「老いていくアジア　人口ボーナスから人口オーナスへ」遠藤環・伊藤亜聖・後藤健太・大泉啓一郎編著『現代アジア経済論「アジアの世紀」を学ぶ』有斐閣、208–228頁
岡田羊祐（2019）『イノベーションと技術変化の経済学』日本評論社
北尾早霧・山本勲（2019）「マクロ経済　成長・生産性・雇用・格差」山本勲編著『人工知能と経済』勁草書房、21–58頁
世界銀行編著、田村勝省訳（2016）『世界開発報告2016　デジタル化がもたらす恩恵』一灯舎
ティロール，ジャン著、村井章子訳（2018）『良き社会のための経済学』日本経済新聞出版社
范囲著、野本敬訳（2019）「独立事業者か労働者か　中国ネット予約タクシー運転手の法的身分設定」石井知章編著『日中の非正規労働をめぐる現在』お茶の水書房、129–144頁
美団研究院（2020）「2019年外売騎手就業扶貧報告」2020年３月12日公表
レイモンド，エリック・スティーブン（1999）『伽藍とバザール　オープンソース・ソフトLinuxマニフェスト』光芒社

Nilekani, Nandan (2008) *Imagining India: The idea of a renewed nation*, New York: Penguin Books.
Partech (2020) "2019 Africa Tech Venture Capital Report," January 2020, Partech Africa Team.
Reich, Justin and José A. Ruipérez-Valiente (2019) "The MOOC pivot," *Science*, Vol. 363, Issue 6423, pp. 130–131.
Totapally, Swetha, Petra Sonderegger, Priti Rao, Jasper Gosselt, Gaurav Gupta (2019) *State of Aadhaar Report 2019*, Dalberg.
Warschauer, Mark and Morgan Ames (2010) "Can One Laptop per Child save the world's poor?," *Journal of International Affairs*, Vol. 64, No. 1, pp. 33–51.

第3章

伊藤亜聖・高崎早和香編著 (2020)『飛躍するアフリカ！　イノベーションとスタートアップの最新動向』日本貿易振興機構 (JETRO)
今井賢一 (1984)『情報ネットワーク社会』岩波新書
上田衛門 (2020)「経済・社会のデジタル化とインドの税制　国際課税問題への対応を中心に」『フィナンシャル・レビュー』令和2年第2号 (通巻第143号)、192–218頁
エリスマン，ポーター著、黒輪篤嗣訳 (2015)『アリババ　中国eコマース覇者の世界戦略』新潮社
クリステンセン，クレイトン著、伊豆原弓訳 (2000)『イノベーションのジレンマ　技術革新が巨大企業を滅ぼすとき』翔泳社
経済産業省デジタルトランスフォーメーションに向けた研究会 (2018)「DXレポート　ITシステム「2025年の崖」克服とDXの本格的な展開」2018年9月
呉暁波著、箭子喜美江訳 (2019)『テンセント　知られざる中国デジタル革命トップランナーの全貌』プレジデント社
サクセニアン，アナリー著、大前研一訳 (1995)『現代の二都物語』講談社
シュンペーター，ヨーゼフ著、塩野谷祐一・中山伊知郎・東畑精一訳 (1977)『経済発展の理論』(上・下) 岩波文庫
世界銀行編著、田村勝省訳 (2016)『世界開発報告2016　デジタル化がもたらす恩恵』一灯舎
日本貿易振興機構デジタル貿易・新産業部EC流通ビジネス課、ジェトロ・チェンナイ事務所 (2019)『インドEC市場調査報告書』日本貿易振興機構ウェブサイト、2019年6月
山谷剛史 (2015)「新興国市場のプラットフォームビジネス」出井伸之監修『進化するプラットフォーム』KADOKAWA、205–234頁

127–163頁
梶谷懐（2017）「中国社会と自生的秩序　リスクと仲介の視点から」『現代中国』91号、3–17頁
坂村健（2016）『IoTとは何か　技術革新から社会革新へ』角川新書
世界銀行編著、田村勝省訳（2016）『世界開発報告2016　デジタル化がもたらす恩恵』一灯舎
総務省（2019）『情報通信白書　令和元年版　進化するデジタル経済とその先にあるSociety 5.0』日本BtoB広告協会
高崎早和香（2018）「エチオピア発スタートアップ、農業や医療テックで社会課題の解決目指す」日本貿易振興機構ウェブサイト、2018年8月17日
高須正和・ニコニコ技術部深圳観察会編（2016）『メイカーズのエコシステム　新しいモノづくりがとまらない。』インプレスR&D
ティロール，ジャン（2018）『良き社会のための経済学』日本経済新聞出版社
日本貿易振興機構海外調査部中東アフリカ課（2018）『南アフリカ共和国のスタートアップ事例　新興国におけるイノベーションの実態』日本貿易振興機構ウェブサイト、2018年8月
日本貿易振興機構デジタル貿易・新産業部EC流通ビジネス課、ジェトロ・チェンナイ事務所（2019）『インドEC市場調査報告書』日本貿易振興機構ウェブサイト、2019年6月
フリードマン，トーマス著、伏見威蕃訳（2006）『フラット化する世界　経済の大転換と人間の未来』（上・下）日本経済新聞社
モザド，アレックス&ジョンソン，ニコラス著、伏見威蕃訳（2018）『プラットフォーム革命　経済を支配するビジネスモデルはどう機能し、どう作られるのか』英治出版
箭内彰子（2020）「手漕ぎボートがスマートボートに変身（南アフリカ、セネガル）」ジェトロ・アジア経済研究所ウェブサイト、2020年5月
廉薇・辺慧・蘇向輝・曹鵬程著、永井麻生子訳（2019）『アントフィナンシャル　1匹のアリがつくる新金融エコシステム』みすず書房
Cristia, Julian, Pablo Ibarrarán, Santiago Cueto, Ana Santiago, and Eugenio Severín（2017）“Technology and Child Development: Evidence from the One Laptop per Child Program,” *American Economic Journal: Applied Economics*, Vol. 9 No. 3, pp. 295–320.
GSMA（2016）“APIs: A bridge between mobile operators and start-ups in emerging markets,” 8th July 2016, Ecosystem Accelerator Report.
Joint Venture Silicon Valley（2019）“Silicon Valley Index 2019,” Institute for Regional Studies, Joint Venture Silicon Valley.

ビットの時代』アスキー
長谷川貴彦（2012）『産業革命』山川出版社
平野克己（2013）『経済大陸アフリカ　資源、食糧問題から開発政策まで』中公新書
ボールドウィン，リチャード著、遠藤真美訳（2018）『世界経済　大いなる収斂　ITがもたらす新次元のグローバリゼーション』日本経済新聞出版社
ボールドウィン，リチャード著、高遠裕子訳（2019）『GLOBOTICS（グロボティクス）　グローバル化＋ロボット化がもたらす大激変』日本経済新聞出版社
マカフィー，アンドリュー&ブリニョルフソン，エリック著、村井章子訳（2018）『プラットフォームの経済学　機械は人と企業の未来をどう変える？』日経BP社
若田部昌澄（2019）「歴史　「大自動化問題」論争の教訓」山本勲編著『人工知能と経済』勁草書房、305–338頁
渡辺利夫（1979）『アジア中進国の挑戦　「追い上げ」の実態と日本の課題』日本経済新聞社
渡辺利夫（1989）『アジア経済をどう捉えるか』NHKブックス
Evans, Dave（2011）“The Internet of Things: How the Next Evolution of the Internet is Changing Everything,” White paper of Cisco Internet Business Solutions Group（IBSG）, April 2011.
Hilbert, Martin（2016）“The bad news is that the digital access divide is here to stay: Domestically installed bandwidths among 172 countries for 1986–2014,” *Telecommunications Policy*, Vol. 40, Issue 6, pp. 567–581.
OECD（2014）*Measuring the Digital Economy: A New Perspective*, Paris: OECD Publishing.

第2章
伊藤亜聖・高口康太（2019）『中国14億人の社会実装　「軽いIoT」が創るデジタル社会』東京大学社会科学研究所・現代中国研究拠点研究シリーズNo. 19
伊藤亜聖・高崎早和香編著（2020）『飛躍するアフリカ！　イノベーションとスタートアップの最新動向』日本貿易振興機構（JETRO）
岩崎薫里（2019）「India Stack　インドのデジタル化促進策にみる日本のマイナンバー制度への示唆」『環太平洋ビジネス情報』Vol. 19 No. 75, 38–66頁
小川さやか（2019）「シェアリング経済を支える「TRUST」」『チョンキンマンションのボスは知っている　アングラ経済の人類学』春秋社、

参考文献

第1章

井上智洋（2019）『純粋機械化経済　頭脳資本主義と日本の没落』日本経済新聞出版社

絵所秀紀（1997）『開発の政治経済学』日本評論社

遠藤環・伊藤亜聖・大泉啓一郎・後藤健太編著（2018）『現代アジア経済論　「アジアの世紀」を学ぶ』有斐閣

大泉啓一郎（2011）『消費するアジア　新興国市場の可能性と不安』中公新書

小野塚知二（2018）『経済史　いまを知り、未来を生きるために』有斐閣

木村福成（2018）「生産ネットワークとアンバンドリング　概念枠組みの再整理と理論・実証・政策論」『フィナンシャル・レビュー』平成30年第3号（通巻第135号）、7-21頁

経済協力開発機構（1980）『新興工業国の挑戦　OECDレポート』東洋経済新報社

経済産業省（2010）『通商白書2010　国を開き、アジアとともに成長する日本』経済産業省

経済産業省（2019）『通商白書2019　自由貿易に迫る危機と新たな国際秩序構築の必要性』経済産業省

後藤健太（2019）『アジア経済とは何か　躍進のダイナミズムと日本の活路』中公新書

佐藤百合（2011）『経済大国インドネシア　21世紀の成長条件』中公新書

シャピロ，カール&バリアン，ハル・R. 著、宮本喜一訳（1999）『ネットワーク経済の法則　アトム型産業からビット型産業へ』IDGコミュニケーションズ

シュワブ，クラウス著、世界経済フォーラム訳（2016）『第四次産業革命　ダボス会議が予測する未来』日本経済新聞出版社

末廣昭（2000）『キャッチアップ型工業化論　アジア経済の軌跡と展望』名古屋大学出版会

末廣昭（2014）『新興アジア経済論　キャッチアップを超えて』岩波書店

末廣昭・田島俊雄・丸川知雄編著（2018）『中国・新興国ネクサス　新たな世界経済循環』東京大学出版会

世界銀行著、白鳥正喜監訳、海外経済協力基金開発問題研究会訳（1994）『東アジアの奇跡　経済成長と政府の役割』東洋経済新報社

世界銀行編著、田村勝省訳（2016）『世界開発報告2016　デジタル化がもたらす恩恵』一灯舎

ネグロポンテ，ニコラス著、福岡洋一訳（1995）『ビーイング・デジタル

伊藤亜聖（いとう・あせい）

1984年，東京都生まれ．慶應義塾大学経済学部卒業，同大学院経済学研究科博士課程満期退学．博士（経済学）．専門は中国経済論．人間文化研究機構研究員などを経て，2017年4月から東京大学社会科学研究所准教授．本書で第22回読売・吉野作造賞受賞．

著書『現代中国の産業集積―「世界の工場」とボトムアップ型経済発展』（名古屋大学出版会，2015年，大平正芳記念賞，清成忠男賞受賞）
『現代アジア経済論―「アジアの世紀」を学ぶ』（共著，有斐閣，2018年）
など．

デジタル化する新興国

中公新書 *2612*

2020年10月25日初版
2021年6月10日再版

著　者　伊藤亜聖
発行者　松田陽三

本文印刷　暁印刷
カバー印刷　大熊整美堂
製　　本　小泉製本

発行所　中央公論新社
〒100-8152
東京都千代田区大手町1-7-1
電話　販売　03-5299-1730
　　　編集　03-5299-1830
URL　http://www.chuko.co.jp/

Published by CHUOKORON-SHINSHA, INC.
Printed in Japan　ISBN978-4-12-102612-5 C1233

経済・経営